新媒体时代高校思政课程的
探究与实践

龙　淼◎著

北京燕山出版社

图书在版编目（CIP）数据

新媒体时代高校思政课程的探究与实践 / 龙淼著
. −− 北京：北京燕山出版社 , 2023.8
ISBN 978−7−5402−7035−3

Ⅰ . ①新⋯ Ⅱ . ①龙⋯ Ⅲ . ①高等学校−思想政治教
育−研究−中国 Ⅳ . ① G641

中国国家版本馆 CIP 数据核字 (2023) 第 162825 号

新媒体时代高校思政课程的探究与实践

著者：龙　淼
责任编辑：战文婧
封面设计：李文文
出版发行：北京燕山出版社有限公司
社址：北京市西城区椿树街道琉璃厂西街 20 号
邮编：100052
电话：86-10-65240430（总编室）
印刷：天津和萱印刷有限公司
成品尺寸：170 mm × 240 mm
字数：170 千字
印张：10
版别：2024 年 5 月第 1 版
印次：2024 年 5 月第 1 次印刷
ISBN：978-7-5402-7035-3
定价：60.00 元

作者简介

　　龙　淼　女，1980 年 6 月出生，吉林省吉林市人，毕业于陕西科技大学，本科学历，硕士学位，现于沧州幼儿师范高等专科学校任讲师。研究方向：思想政治教育专业。主持并完成市级课题 2 项，发表论文十余篇。

前　言

在高校中，思想政治课可以帮助大学生树立正确的三观，使他们养成良好的思想道德习惯，具备良好的思想道德素养。为了提高课堂效果，教师应该以创新的思维去重构课堂。

现在是"新媒体时代"，随着互联网的迅速发展，各种纷繁杂乱的信息涌入大学生的视野中，影响了他们的思想与价值观。对于当代的思想政治教育来说，这既带来了重大的机遇，也带来了全新的挑战。

如何在高校思想政治教育中运用互联网等新媒体技术，使高校思想政治教育更加富有时代感和吸引力是高校思想政治教育工作者需要解决的重大课题。因此，我们应当研究新媒体的时代特点，同时对高校思想政治教育进行系统研究，从而取得更好的思想政治教育效果。

在内容上，本书共分为五个章节，第一章为高校思政教育概述，主要就高校思政教育的内涵与内容、高校思政教育的任务与作用、高校思政教育人文关怀、高校思政教育理论课四个方面展开论述；第二章为高校思政课程的研究，主要围绕高校思政课程建设分析、高校思政课程改革两个方面展开论述；第三章为多角度的高校思政课程实践创新，依次介绍了文化传承视野下的高校思政课程、基于网络背景下的高校思政课程、基于 VR 技术下的高校思政课程三个方面的内容；第四章为新媒体时代下的高校思想政治教育，依次介绍了新媒体时代高校思想政治教育的基本原则、理念，以及新媒体时代高校思想政治教育的内容、新媒体时代高校思想政治教育的建设路径、新媒体时代高校思想政治教育的载体创新四个方面的内容；第五章为新媒体时代思想政治教育教学模式创新，分为四部分内容，依次是智慧课堂教学模式、直播互动教学模式、混合式教学模式、其他教学模式。

在撰写本书的过程中，作者得到了许多专家学者的帮助和指导，参考了大量的学术文献，在此表示真诚的感谢。本书内容系统全面，论述条理清晰、深入浅出，但由于作者水平有限，书中难免会有疏漏之处，希望广大同行及时指正。

作者

2022 年 12 月

目 录

第一章　高校思政教育概述

思政教育是各个高校教学的重要内容，是促进国家综合实力不断提高的重要路径。在社会经济快速发展的今天，高校思政教育不断朝着现代化方向发展。本章主要为高校思政教育概述，分别从以下四个方面展开论述，即高校思政教育的内涵与内容、高校思政教育的任务与作用、高校思政教育的人文关怀、高校思政教育理论课。

第一节　高校思政教育的任务与作用

一、高校思政教育的任务

在社会主义现代化建设的新时期，我国高校思政教育工作面临的主要任务是全面贯彻党的教育方针，以培养德智体美全面发展的社会主义建设者和接班人为目标，培养和造就"四有"新人。因此，高校思政教育工作必须以坚持正确的舆论导向，用科学的理论武装人，用高尚的情操鼓舞人，唱响社会主义、爱国主义和集体主义的主旋律为主要内容，大力加强对师生员工的理想信念、道德观念的教育，加强对其行为规范的养成教育。

（一）加强理想信念方面的教育

在思想政治教育过程中，其最主要的任务之一就是要加强学生理想信念方面的教育，对于社会主义现代化建设来说，这也是一个必然的要求。要加强对高校学生的思政教育，就必须要使学生了解思政教育的相关科学理论，即马克思列宁主义、毛泽东思想、邓小平理论、"三个代表"重要思想、科学发展观、习近平新时代中国特色社会主义思想。只有用马克思列宁主义、毛泽东思想、邓小平理论、"三个代表"重要思想、科学发展观、习近平新时代中国特色社会主义思想武装师生员工，才能引导他们不断解放思想、实事求是、与时俱进，正确认识中国共产党的执政规律、社会主义建设规律和人类社会发展规律，改变自己思想上的某些错误认知，认识到中国特色社会主义的伟大发展前景，坚定中国特色社会主义的伟大信念，参与到中国特色社会主义的建设之中。

高校要对于师生开展正确的三观教育，使他们在内心深处形成正确的人生观、价值观与世界观。三观与理想信念有着十分紧密的联系，归根结底，要使他们形成崇高的理想信念，就必须要他们形成一个正确的且科学的人生观、价值观与世界观，因此，对于高校师生的三观教育至关重要。针对人生观来说，要正确看待人生中的贫穷与富有、顺境与逆境、得意与失意，生活中发生任何事情都是难免的，不要怨天尤人，要积极面对，在社会中，每一个人都不是独立的，都要尽自己所能为他人和社会服务，在正确的人生道路上不断前行。针对价值观来说，要懂得集体利益与个人利益都是很重要的，但是集体利益始终是高于个人利益的。针对世界观来说，马克思主义的辩证唯物主义和历史唯物主义可以引导我们正确地观察世界和认识世界，引导我们形成正确的世界观，使我们可以正确地认识历史发展，了解资本主义是必然灭亡的，社会主义一定会取得胜利。

（二）加强道德观念方面的教育

道德是调整人与人、人与社会之间关系的行为准则，是人们关于善良与邪恶、公正与偏私的观念、原则和规范的总和。道德属于意识形态范畴，其产生和发展受到生产力水平制约，然而它一旦产生，就具有相对独立性，对社会生产力的发展发挥着反作用。就其本质而言，道德是人们在一定历史条件下为维护自身生活、实现人生价值、完善人的本质、协调或消解人性内在及外在矛盾所形成的，通过内心信念、评价态度、行为规范、公众原则等方式起作用。道德活动是人类文化活动的一部分，它所担负的历史使命与人类文化活动的根本目的和内在精神是一致的。同时，道德的性质及其作用取决于人类文化在历史中所呈现的整体性质，以及构成文化整体的其他部分发展的历史水平。

道德具有阶级性、时代性、民族性和传承性的特点。在我国社会主义现代化建设的新时期，我们必须在全社会、全体人民中牢固树立起以集体主义为核心，坚持国家、集体、个人三者利益相统一的，为人民服务的，艰苦奋斗、勤俭节约的，吃苦在前、享受在后的社会主义道德观。当前，我国各高校加强社会主义道德教育要注意把握好以下几点。

1. 牢牢把握高校道德建设的出发点

在社会主义市场经济条件下，作为高校校园文化建设重要内容的思想道德建设应适应社会主义市场经济体制这一社会现实，以马克思主义为指导，结合社会主义发展的实践。我们要构建科学和系统的适合现代校园文化和道德建设的思想道德体系。这一体系在注重统一性的同时，应当体现出多样化、多层次，实现先进性和广泛性的统一。

2. 充分认识高校道德实践的差异性

高校学科和专业设置不同，表现出的文化内容有所侧重，民主道德生活实践层面上也显示出差异。我们在构建具有科学性、开放性、时代性的校园精神文化体系时，应注意循序渐进、因校制宜，充分认识建设的复杂性和长期性。

3. 牢牢把握高校道德建设的落脚点

高校必须把思想道德建设的落脚点放到追求知识、崇尚科学的宗旨上，并落实到培养人的整体素质和促进人才的全面发展上。高校要把社会主义的政治素质、道德素质和科学文化素质作为一个整体来考虑，加强师生在观念、信仰、道德等层面的培养，促进他们在道德方面向内探求，引导他们对科学文化知识的探索，使他们做到知行统一、内外一致，在追求个体完美的同时，追求社会至善。

（三）加强行为规范养成方面的教育

高校思政教育的最终任务还是要落实到行动上，要促使学生养成好的行为习惯，规范其行为，从小事做起，从一点一滴做起。高校要认真贯彻《高等学校学生行为准则》，严格执行校规校纪，加强良好校风学风建设，把传授知识同陶冶情操、养成良好的行为习惯结合起来，把个人成才同国家前途、社会需要结合起来，形成热爱祖国、关心集体、尊敬师长、勤奋好学、团结互助、遵纪守法的风气。同时，高校要坚持教育同生产劳动相结合的方针，积极组织学生参加生产劳动和社会实践，帮助他们认识社会，了解国情，增强建设祖国、振兴中华的责任感。加强大学生的思政教育是一项社会性的系统工程，只有动员社会各方面力量共同努力才能做好这一工作。教师在学生思政教育中发挥着关键作用，一定要认真履行教书育人的任务，要言传身教、为人师表，引导学生德智体美全面发展。学校要主动同社会和学生家长密切合作、互为补充，从而形成教育合力。高校要充分发挥共青团、学生会等社群组织，团结和引导大学生共同进步的作用。近年来，在全国各地开展的"希望工程""青年志愿者"和"手拉手"等活动，使大学生增长了爱心，懂得了关心他人，充分感受到了助人的快乐，取得了良好的教育效果。

二、高校思政教育的作用

（一）有利于拓展教育渠道

高校思政教育不等于高校思政理论说教，使当代大学生确立正确的理想信念是思政教育教学的目标和任务，也是学校其他各项工作的目标。教书育人、管理育人、服务育人是有机的整体，其核心在于培养社会主义现代化建设的人才。因此，高校思政教育在拓宽思政教育主渠道的同时，也应将素质教育的灵魂——爱国主义、集体主义和社会主义主旋律融入校园文化之中，深入社团活动、网络信息、心理咨询等各个方面，形成教育合力，共同推进学生主体素质的构建和完善。高校思政教育的成效最终应落实在学生的行动上。

（二）有利于建立和谐的师生关系

高校思政教育活动本质上是一种交往活动，即主体与主体间的交流活动。尊重学生的主体地位，拓展学生的精神需求，提升其需求之品位，都离不开教师与学生之间有效的充分的交流。教师不能把学生视为教育信息和社会价值信念的接收器，也不能直接把社会要求的思政素质和行为道德规范注入学生头脑当中。因此，高校思政教育活动需要加强师生间的交流、对话和理解，使学生主动把外在的规范转化为内在要求。

师生间除了课堂上的交流外，还应有课堂外的交流，有知识理性的沟通，有价值理性的协同。教师应在交流中渗透个性影响，在平等对话、民主协商中实现教学相长，从而激发学生的创造精神和超越意识。

平等融洽的师生关系是高校思政教育成功的条件。在高校思政教育中，必须发挥教师主体的激励和引导作用，发挥教师的人格力量，积极引导学生，动之以情、晓之以理、导之以行，促进学生建立向善、求美的价值追求，促进学生人格的全面发展。同时，我们也要改革传统的教师权威模式，坚持平等的原则和疏导的方针，建立师生间平等对话、协调合作的新型关系。师生间要互助友爱、愉快合作、共同思考、共同探索，教师应以真诚的爱心关心学生，以高度的责任心激励学生，以执着的事业心辅导学生，充分调动学生参与的热情、创造的激情，促进学生身心的健康成长。

（三）有利于落实高校思政教育的目标

在"知识就是力量"的工业化社会背景下，知识理性的价值被泛化，体现为教学过程中的"知识中心主义"。高校传统思政理论课往往以传授知识为全部目标，片面强调学科知识的系统性和整体性，只注重理论知识的教授，忽略了培养学生领会、分析、综合与评价的能力，也忽略了学生非理性心理品质的构建。因此，我们需要调整并完善高校思政教育的目标体系，强调"创新就是力量"的新理念。高校思政教育不仅要求学生对知识的积累，更要求学生各项主体综合能力的培养。我们应根据学生主体发展的不同需要，强调其自我认知，增强其主体意识，使之明确自身在社会发展中的主人翁地位，自觉肩负起社会责任和历史使命，这是形成学生主体能力素质的内在基础。

在知识社会化和社会知识化的今天，授人以鱼不如授人以渔，课堂教学在传导知识信息的同时，更有引导思考、启迪智慧的功能要求，要让学生学会学习、学会选择、学会创造，要拓展和开发学生主体的各项潜能。在知识与能力培养、知识理性提升的同时，高校思政教育尤其应突出其价值理性的渗透，全方位地促进学生知、情、意、信、行全方位的和谐发展，引导其树立正确的价值观、人生观、世界观；注重学生主体人格的培养和完善，把培养积极的情感和坚定的意志作为重要的目标。

（四）有利于大学生形成坚定的理想

高校思政教育是高校素质教育的核心，以"育魂"为目标，其根本目的在于提高大学生的思政素养与觉悟，使其能够养成良好的思想道德品质，树立正确的三观，坚定中国特色社会主义理想信念，真正肩负起中华民族的伟大使命，成为中华民族的建设者与接班人。在高校思政教育活动中，教师和学生的关系本质上是一种主体与主体之间的社会交往关系。社会进化则意味着将行为主体合理的思想、观点、理论转化为新的结构、秩序、动力等。这是一个系列行为主体之间，以及行为主体与其社会结构之间相互作用、相互影响的过程。在师生交往过程中，学生总是从自身的主体需要出发，能动地认识教育者，主动地选择教育信息，在这种主动型的师生关系中，学生能够更好地将外部的驱动力转化为自身的内在动力，从而推动着自己不断发展。

高校思政教育不仅要解决学生"知与不知""信与不信"的矛盾，同时还要解决"知与行"的矛盾。思政教育的终极目的就是实现由知到行的转化。在思政教育过程中，学生不仅要了解思政相关的各种理论知识，并且还要将这些理论知识以及价值规范等内容纳入个人的知识经验体系之中，这样，学生才能真正地内化这些知识，才能更好地理解其意义。在内化这些知识理论、道德要求、价值规范的时候，学生还要付出行动，将这些"知"上的内容赋予"形"之中，不断养成好的行为习惯，自觉积极地主动去做，这样，高校思政教育才能真正达到其目的。

（五）有利于整合思政教育的价值取向

高校思政教育在政治功能上集中地表现为服务于党的路线、方针、政策的贯彻和实施，排除各种错误思潮的干扰和影响，确保基本路线不动摇，坚定中国特色社会主义的理想信念。同时，社会主义民主政治建设进程的加快和依法治国方针的实施进一步确保了人们的主人翁地位，为人们平等地参与国家事务、经济事务和社会事务的管理提供了条件和保障。高校思政教育在文化功能上表现为传承思想文化传统、传授思政价值、传递思想道德信息、转化主导意识形态、推进社会共同理想信念的形成和坚定、推进观念变革、促成现代人精神的文明化。

在我国推进社会主义现代化进程中，人的现代化是一个核心要素和重要目标。而人的现代化的基本特征是人的主体性的充分发挥。主体性是现代化的人的素质发展水平的内在尺度。尊重学生的主体性是高校思政教育适应和推动市场经济发展的必然要求和现实需要。市场经济的竞争性、平等性、开放性和自主性，从根本上要求现代人才必须具有高度的自主意识、创造观念、竞争能力和协作精神，摆脱依附观念，走出自然经济传统，增强主体性。人是社会主义市场经济体制建设的主体，人的素质如何，直接影响着社会主义市场经济体制的建设、运作，以及作用的发挥。高校思政教育在促进人的现代化过程中有其特殊的地位和作用。无论是传导社会规范和价值导向，还是满足人的需要，提升人需要的"品位"和"品味"，以及协调人际关系、促进知行良性转化、发展人的思维方式和综合创新能力，高校思政教育的作用都集中地表现为提升人的主体地位，强化人的主体素质，培养和弘扬人的主体性，激励并引导学生确立自觉、自立、自主和自强的精神。

为了培养社会主义现代化建设人才，推动学生德、智、体全面发展，我们需要不断调整和改进高校思政教育工作。面对新形势新情况，思政教育工作者在继承和发扬优良传统的基础上，必须在内容、形式、方法、手段、机制等方面努力创新和改进，特别要在增强时代感，加强针对性、实效性、主动性上下功夫。

以往的高校思政教育，片面地强调教师的主体地位与角色，强调社会的客观要求，视受教育者——学生为教育客体，忽视了学生作为主体参与教育活动的地位，把学生当成接受知识的机器：侧重于"社会本位""社会价值"，忽视了学生的"个体价值"，这在一定程度上把学生个体成长的社会价值与个体价值对立起来，在理想信念教育的目标要求中只强调对社会需要的适应，忽视了学生个体内在需要的满足；在教育的过程中，片面强化教学的功利价值而忽视了教学的人文价值，注重社会发展而忽视了个体精神世界的丰富和人格的完善，这必然会挫伤学生的主体意识，同时也会影响高校思政教育的实效性。这种导向必然会忽视学生主体的内在需要，以及学生作为主体的人的情感意志与主观选择，容易形成教学中的行政命令色彩，进而会在很大程度上挫伤学生在高校思政教育中的学习积极性、主动性、制约了学生主体性的形成和发展。同时，教师也不能真正贯彻落实教育要求，使得思政教育只能停留于形式。因此，我们必须更新观念，整合高校思政教育的价值取向，既要使学生的主体性在教育过程中得到充分发挥，又要使社会的客观要求得到很好的贯彻落实，实现个人价值与社会共同价值的统一。教师的作用是通过学生实现的，学生根据自身的实际素养和思想认识水平以及社会发展需要，积极地参与教育过程，能动地接受和内化教育信息，达到自我教育和自我发展的目的。当然，这并不意味着对教师主体的否定或者排斥，相反，教师主体的活动应以学生主体的需要为前提，以促成学生主体的升华为目标，最终通过对学生主体加以激励、引导和培育，体现出教师的主体性。事实上，社会发展与人的发展是同一过程的两个方面。高校思政教育在传导社会规范与道德规则的过程中，也应关注学生个体的发展要求，丰富学生的精神需求，把社会要求和学生需要结合起来，把社会价值与个体价值结合起来，实现教学功利价值与人文价值的辩证统一，实现个人理想与社会共同理想的统一。

第二节　高校思政教育理论课

一、高校思政理论课的性质

高校思政理论课是对大学生进行的马克思主义理论和思政教育的课程群，是包括"毛泽东思想和中国特色社会主义理论体系概论""马克思主义基本原理概论""思想道德修养与法律基础""中国近代史纲要""形势与政策""当代国际经济与政治"等课程在内的一个课程体系。大学生思政理论素质的提高，既是全民族思想道德素质提高的重要方面，又对提高全民族思政理论素质具有示范、辐射和推动作用，更是培养中国特色社会主义事业合格建设者和可靠接班人的一项战略任务。具体来说，高校思政理论课具有以下性质。

（一）高校思政理论课的政治性

高校思政理论课具有政治性，它是对学生进行思想政治教育的主阵地，其对学生进行思想引领的作用不可替代。在大学思政课教学过程中，教育者通过对学生进行爱国主义、集体主义、马克思主义、社会主义以及中国特色社会主义的相关教育，有目的、有步骤、有计划地对大学生的政治态度与价值取向进行培养，不断增强他们的政治热情，训练他们的政治敏感度，锻炼他们的政治认识与政治参与能力。

（二）高校思政理论课的思想性

思政教育是培养大学生具有认识事物的科学观点和方法的教育，是培养大学生正确的世界观、人生观和价值观的重要方式。高校思政理论课包含着丰富的思政教学内容和完整的思政理论体系，如对大学生进行马克思主义原理的教育，可以帮助大学生掌握科学的世界观和方法论，培养大学生分析和解决实际问题的能力；进行以为人民服务为核心和以集体主义为原则的社会主义核心价值观教育，能帮助大学生培养高尚的理想情操和良好的道德品质，树立体现民族特色和时代精神的社会主义价值标准和道德规范；进行中国特色社会主义理论与实践教育，能帮助大学生高举中国特色社会主义伟大旗帜，增强贯彻执行党的路线、方针、政策的自觉性和坚定性等。而这些内容又共同形成了关于世界观、人生观和价值观的教育理论和实践体系。

（三）高校思政理论课的德育性

高校思政课理论课具有德育性，德育性就是道德育人性。德育，主要包含两方面，即狭义性含义与广义性含义。从狭义上来说，德育主要指的是学校教育中所实施的道德教育，主要内容包括思想品德教育、法制观念教育以及劳动技术教育等等。学校德育是指教育者按照国家、社会等方面的要求，有目的、有计划、有组织地对受教育者进行的教育，它施加给受教育者道德、思想、政治等各个方面的影响，使受教育者能够产生一种积极的认识与观念，从而主动地去践行与体验的过程。从广义上来看，德育指包含学校德育教育以内的所有的德育教育，比如家庭德育、社区德育、社会德育等等。只要是有目的、有计划地对人们进行德育教育，施加其一定的社会影响，并推动其不断践行的教育活动都属于德育教育。对于大学生来说，在这四年中，他们在学校的时间要远远比在家里与社会上的时间要长得多，因此，高校思政理论课教学是对学生进行思想政治教育的一个重要场所，担负着对大学生进行思政教育的重要责任。

（四）高校思政理论课的科学性

高校思政理论课的科学性包含两层含义：第一，它本身是一门科学，依托于一定的学科，有自己的学科归属；第二，它的教学效果是科学的。从学科归属上看，高校思政理论课隶属于马克思主义理论学科，而科学性是马克思主义理论首要的和基本的特点。既然马克思主义理论是一门科学，思政理论课是建立在马克思主义科学理论和实践基础之上的，其主要任务在于对大学生进行马克思主义理论教育，那就一定要把专门传播马克思主义理论的课程作为一门科学来对待。离开马克思主义理论的学科体系，高校思政理论课就会失去科学性，也会因偏离正确的政治方向而失去马克思主义理论教育的功能。高校思政理论课的科学定位必须建立在马克思主义理论一级学科的建设基础上。用学科建设支撑高校思政理论课建设，用社会主义现代化建设实践中取得的重大科学成果充实思政理论课的教学内容，使高校思政理论课教学融强烈的思想性和政治性于浓厚的学术性之中，使马克思主义理论学科真正成为高校思政理论课的坚实学科基础，从而保证高校思政理论课的科学性真正建立在最新的社会实践和科学发展水平上。

（五）高校思政理论课的时代性

时代是一定时期经济、政治、文化等状况的总和，是一个客观的历史进程。时代性就是强调事物顺应时代条件的产生而产生，随着时代的发展而发展，因此，时代性就是与时俱进性。

高校思政理论课的教学内容既要适应大学生心理和个性发展的需要，又要把反映时代精神、生存方式、社会思潮变化大背景条件下的马克思主义理论研究的最新理论成果体现到教学内容中。教师要敢于、乐于、善于在吃透、吃准教材的基础上，在如何把学术内容变为课堂教学内容方面下功夫。如果高校思政理论课教师的学术研究水平不高，不能很好地把高校思政理论课的政治性寓于学术性之中，不能给学生在学术上更多的启迪，不能激发学生学习的积极性和主动性，将直接影响教育教学的效果。因此，要提高思政理论课程的说服力和感染力，教师的一个重要任务就是努力加强思政理论课所涉及的重大理论和实践问题的研究，教师只有用深入研究所获得的成果去支撑高水平的教学，用自己深刻理解和真正把握了的科学理论去讲解，才能说服学生、打动学生，才能真正实现科学理论进入学生头脑的目的。

面对形势的变化，面对教学内容的变化，面对当代大学生学习方式、思维方式、接受新知识方式变化的实际情况，高校思政理论课教学的方式方法也要进行相应的调整和改变，应该把教师的灌输方法、大学生的自我教育方法和实践体验有机结合起来。此外，还要将人文关怀和思政工作联系在一起。在高校思政理论课的教学方法上教师要将人文关怀渗透到教学过程中和教学过程外，增强师生互动，真正搞好高校思政理论课教学，从时间和空间上保持思政教育的连续性、持久性和深入性。

（六）高校思政理论课的实践性

思政理论课的实践性指师生在进行思政理论教与学的过程中，必须进行实践，必须在实践中促进理论向能力的转化，并促使能力的进一步发展，在实践中检验思政理论成果的正确性。没有实践，理论的发展就失去了动力，就不会有创造性和创新性。高校思政理论课应注重以理论知识为依据，强调创造性和实践性，激励学生主动参与和主动思考。在教学过程中教师要通过引导学生有目的地参加课内外、校内外的各种实践活动，使其广泛参与体验社会现实生活，从而使其主观世界得到感性的再教育，进而使其主体能力得到优化。

二、高校思政理论课的地位

所谓高校思政理论课的地位，主要指它在整个高等学校教育及高校思政教育中的地位。一般来讲，我们可以从以下几个方面来认识高校思政理论课的地位。

（一）是高校教育的重要组成部分

1.由我国社会主义教育的性质所决定

社会主义教育是服务于中国特色社会主义的建设的，所以教育要坚持为社会主义现代化服务，为发展生产力服务，贯彻"面向现代化、面向世界、面向未来"[①]的教育方针。

教育就是培养人的一种社会活动，是传承社会文化、传递生产经验和社会生活经验的基本途径。从历史唯物论观点看，教育有广义和狭义之分。广义的教育泛指一切影响人的身心发展的社会实践活动。狭义的教育主要指学校教育，是教育者根据一定的社会、阶级或组织的要求，有目的、有计划、有组织地对受教育者的身心施加影响，期望他们发生某种变化的活动。人的政治观点和思想品德的形成和发展是对一定社会关系的反映。教育者总是根据社会关系的要求，去培养受教育者的思政观点的。社会主义的教育，就是要培养一代又一代能够坚持社会主义方向，具有社会主义理想和信念的"有理想、有道德、有文化、有纪律"[②]的"四有"新人，使其成为社会主义事业的建设者和接班人。

因此，教育者必须对大学生进行马列主义、毛泽东思想和中国特色社会主义理论体系，以及思想道德品德教育，以保证思政教育在人才培养的正确方向和高校教育的社会主义方向方面起到主导和决定作用。

2.由高校思政理论课的内容与作用所决定

高校思政理论课大纲规定，"毛泽东思想和中国特色社会主义理论体系概论"[③]主要包括毛泽东思想和中国特色社会主义理论体系的基本立场、主要理论观点和科学方法等内容，使学生坚信中国特色社会主义理论、制度和道路，从而坚定社会主义的理想和信念。"马克思主义基本原理概论"[④]的主要内容是马克思主义的基本原理和内容的系统，帮助学生掌握马克思主义的世界观和方法论，树立马克思主义的人生观和价值观，学会用马克思主义的世界观和方法论观察和分析问题。"中国近现代史纲要"[⑤]的主要内容是我国的国史和国情，在教育教学中的

---

① 中共中央文献研究室邓小平研究组.邓小平教育理论教程[M].北京：人民教育出版社，1999.
② 冯契.毛泽东思想研究大系哲学卷[M].上海：上海人民出版社，1993.
③ 邓小平.毛泽东思想和中国特色社会主义理论体系概论[M].汕头：汕头大学出版社，2018.
④ 本书编写组.马克思主义基本原理概论[M].北京：高等教育出版社，2013.
⑤ 本书编写组.中国近现代史纲要[M].北京：高等教育出版社，2010.

作用是帮助教师对学生进行马克思主义中国化教育，揭示中国革命和现代化建设的客观规律，使学生树立正确的历史观，培养学生运用科学的历史观和方法论分析历史问题。"思想道德修养与法律基础"[①]的主要作用是帮助大学生提高思想道德修养和法律修养，帮助大学生树立正确的世界观、人生观、价值观，培养大学生的健全人格。"形势与政策"[②]向学生系统阐述国内外时事政治、高等教育的发展现状及其趋势、学生关心的热点问题等，以提升学生的辨别能力。"当代世界经济与政治"[③]的主要作用是教育学生正确认识当代世界政治经济总体形势的发展变化及其规律，了解中国所处的国际环境和中国的外交指导方针及政策，认清中国青年一代肩负的历史使命。由此可见，高校思政理论课的主要作用是向学生进行马克思主义的基本原理的教育、马克思主义中国化及其理论体系的教育、思想道德和法律知识教育、国内外时事政治教育、当代世界政治经济发展形势及我国的外交政策教育。大学生在接受思政教育的过程中，逐步确立马克思主义的立场、观点和方法，提高思政素质和道德与法律素质。与其他课程相比较，这种特点是高校思政理论课所特有的。

（二）是贯彻人的全面发展方针的重要方面

人的"全面"性，我们一般认为首先表现在个体上，即人首先要有生理物质基础上健全的机体，其次是全面的心智，也就是要保持健康的精神，最后是全面的思想意识。因此，人的全面发展指人不仅靠思维产生自我认识，认识到自我的本质和价值，人还应该享用各种价值，其实质是人身心的完善。马克思主义经典著作早就指出，人的全面发展表现为人的活动、需要和能力的全面发展；人的社会关系的全面丰富、社会交往的普遍性和人对社会关系的全面占有与共同控制；人的素质的全面提高和个性的自由发展。也就是说，人的全面发展不仅仅限于已实现的价值，而且是要达到更高的发展状态，实现更大的价值，即人的全面发展是人的自身素质、社会关系、自由个性、社会需要等方面的全面发展。人的全面发展不是静态的，而是一个持续变化的动态的发展过程，每个人在这些方面获得

---

① 林祖华. 思想道德修养与法律基础 [M]. 北京：中国时代经济出版社，2006.
② 陈化水，申群喜. 形式与政策 [M]. 成都：电子科技大学出版社，2015.
③ 占青. 当代世界经济与政治 [M]. 西安：西北工业大学出版社，2012.

充分和最大限度的发展，由此获得最大的自由，并从自由中获得最大的幸福。

关于人的全面发展，古希腊哲学家亚里士多德主张的"和谐教育"就有体现，在这一思想基础上，17世纪捷克教育家夸美纽斯在其名著《大教学论》[①]中提出了"泛智"教育的观念，希望所有的人都受到完善的教育，获得多方面的发展，成为和谐发展的人。法国启蒙思想家卢梭是自然主义教育思想的代表，他认为教育的目的和本质就是促进人的自然天性，即自由、理性和善良的全面发展。瑞士教育家裴斯泰洛齐倡导教育应以善良意志、理性、自由及人的一切潜在能力的和谐发展为宗旨。这些思想都为社会主义教育任务，即实现人的全面发展奠定了理论基础。

社会主义教育是为了提高人的现代化水平，最终促进人的全面发展。人的全面发展在现实中就体现为"四有"新人。高校思政理论课的核心就是对大学生进行马列主义理论、毛泽东思想和中国特色社会主义理论体系、马克思主义中国化等教育，帮助他们进一步确立正确的政治方向，为其树立科学的世界观、人生观和价值观，养成共产主义道德品质打下牢固的基础，这些正是"四有"的重要内容和体现。

（三）是高校德育的重要途径

高校德育的途径是多方面的，是一个庞大的系统工程。《中国普通高等学校德育大纲》[②]提出，高校德育的途径包括马克思主义理论课和思想品德课，教书育人、管理育人、服务育人等日常思想教育工作，党团工作和学生会工作等社会实践和校园文化建设等方面[③]。其中，高校思政理论课是重要途径，它的教学活动紧密联系实际，系统向大学生传授马克思主义理论，对帮助学生进一步确立正确的思政方向，培养大学生社会主义的道德品质起着积极作用。同时，思政理论课教学活动强调与党团工作和专业教学活动紧密配合，紧密联系学生实际，力图通过各项教育活动提高学生认识问题的能力和思想觉悟。因此，高校思政理论课教学是高校德育工作的重要途径之一，在高校德育中居于特殊地位，发挥着特别重要的作用。

---

① （捷）夸美纽斯；傅任敏.大教学论[M].北京：教育科学出版社，1999.
②③ 国家教育委员会.中国普通高等学校德育大纲[J].中国高等教育，1996（02）：4-7.

（四）是建设社会主义精神文明的重要阵地

精神文明是人们在认识客观世界、改造客观世界的过程中，在主观世界方面所取得的进步，主要表现在两个方面，一是教育、科学、文化知识的发展；二是人们思想、政治、道德水平的提高。

社会主义精神文明是人类精神文明发展的最新阶段，是与过去任何社会形态下精神文明有所不同的一种全新的文明形式。社会主义精神文明是建立在以生产资料公有制为主体的经济基础之上的，本质上属于人民大众的文明成果，为广大人民所享用。它强调以马克思主义科学理论为指导，形成能促进社会主义现代化事业健康发展的思想、政治、道德观念和社会风貌，给物质文明建设以精神动力、智力支持和思想保证，也强调精神文明涉及的思想道德素质和科学文化素质两大组成部分互相促进、协调发展。因此，它是迄今为止人类发展历史上最科学、最高尚、最进步的精神文明形式。把我国建设成为"富强、民主、文明、和谐"的社会主义现代化国家，是全体中国人民的共同理想，也是实现中华民族伟大复兴的中国梦的重要内容，需要几代人的不懈努力。大学生是实现中华民族伟大复兴的主力军和生力军，他们的思想道德水平和科学文化素质状况，不仅是社会文明程度的重要体现，也决定了我国未来的社会风貌和民族精神。社会主义市场经济体制的日益完善和改革开放的深入对社会主义精神文明建设提出了更高更新的要求。作为向大学生传授马克思主义基本理论、毛泽东思想和中国特色社会主义理论体系、马克思主义中国化理论、思想道德和法律知识等的高校思政理论课在社会主义精神文明建设中有着重要的地位，起着举足轻重的作用。从这个意义上讲，高校思政理论课是建设社会主义精神文明的坚强阵地。

三、高校思政理论课的作用

思政理论课关系到大学生的世界观的改变、人生价值的选择、高素质人才的培养。大学生队伍中涌现出一大批优秀学生代表，是思政理论课的积极成果。

提高大学生的政治素质是一项系统工程，思政理论课只是其中的一个重要环节，学校的众多社团活动如暑期实践、党团组织、辅导员工作等，都对大学生的世界观、人生观和价值观的转变发挥着积极作用。思政理论课的作用包括以下四个方面。

（一）启迪大学生思想

《三字经》的首句是"人之初，性本善"。不可否认，即使是一个天才，他的第一声啼哭也不会是一首好诗。一个人的成长过程是不断感悟的启迪过程，家长、各级学校、社会条件甚至一段生活阅历都会起到积极作用。大学时期是大学生即将走向社会的最后学习时期，但给予积极的感悟并没有结束。思政理论课教师应该以自己的人格魅力、品德修养、社会阅历启迪大学生。

（二）传授给大学生知识

感悟毕竟是经验的，经验必须要有理论作为支撑。目前，大学生所学的四门必修课，各自有自身的理论特点，尤其是"原理"课，从整体上概括了马克思主义的基本原理，是科学的世界观和方法论，"原理"本身虽然比较抽象，但它由一系列的知识点、概念和范畴组成，具有内在的、严密的逻辑性，认真教授这方面的知识是十分重要的。这要求教师具有深厚的理论根基、较强的科研能力，还要有高超的授课艺术。这三者是统一的。

（三）确立大学生的信念

大学生是具有激情、富有理想、朝气蓬勃的群体。但他们没有走入社会，人生经历不丰富，对有些事情容易理想化，有时也会感到不理解和困惑。尤其是当今社会的一些负面的价值观念和理想判断，影响着大学生的日常学习和生活，这并不是一件坏事，它有助于大学生毕业后走上工作岗位时，能够积极面对各方面的挑战。在大学时代，通过教师的一系列教学活动，让大学生在比较中选择，在困惑中认清，逐步确立各自的理想信念很重要。人们不可能期望大学生都具有整齐划一的信念，但是可以积极引导大学生确立不同层次的理想信念。

（四）引导大学生的行动

无论是怎样层次的理想信念，最终都落实在行动中并在行动中得到体现，大学生的日常行为反映了其整体的思想素质。以校园社团活动为例，既有高层次的专家讲座，也有陶冶艺术情操的各类文化活动，更有社会流行的大众娱乐文化。作为思政理论课的教师有责任引导大学生参与积极高层次的校园文化活动，这对于提高大学生身心健康是十分重要的。

总之，大学生是国家宝贵的人才资源，是民族的希望、祖国的未来。要使大学生成长为中国特色社会主义事业的合格建设者和可靠接班人，不仅要大力提高他们的科学文化素质，而且更要大力提高他们的思政素质，使其形成健全的人格。只有真正把这项工作做好了，才能确保党和人民的事业代代相传、国家长治久安。加强和改进大学生思政教育，是当前全社会共同关注的一个时代课题。

第二章　高校思政课程的研究

我国对高校思政教育工作一直非常重视，在人员配备、师资建设、研究力度上投入很大。在完成对大学生思政教育的同时，形成具有社会主义特色的高校思政教育，是确保大学生健康成长和合格成才的基本措施。高校思政教育工作离不开思政课程的合理设置，科学的高校思政课程可以提高思政教育的效果，实现高校思政教育对大学生发展的促进作用。本章为高校思政课程的研究，主要围绕高校思政课程建设分析、高校思政课程改革两个方面展开论述。

第一节　高校思政课程建设分析

一、高校思政课程的内容

以课程的形式对大学生进行系统的思政理论教育教学是高校思政理论教育的有效途径。高校思政课程集中体现了我国社会主义大学的本质，具体反映了教学内容，是连接教师的教与学生的学的桥梁与纽带。

作为一门特殊的课程，高校思政课程具有课程的一般特性，开展思政理论教育教学需要从"课程论"的视角全面审视思政课程的本质特征。

（一）课程的概念与本质

1. 课程的概念

课程是一个比较古老的概念，根据已有的研究资料，"课程"一词为我国所固有。唐代孔颖达在《五经正义》中为《诗经·小雅》里的"奕寝庙，君子作之"

这句话做注疏时提到维护课程，必君子监之，乃得以法制也[1]。据考证，这是我国"课程"一词的最早出处。但这里所讲的"课程"与我们今天所讨论的"课程"在内涵上相距甚远，两者的关系不大。据现有的研究，在与现代"课程"比较接近的意义上，较早地使用"课程"一词的是宋代的理学家朱熹，其《朱子全书·论学》中多次用到"课程"，如"宽着期限，紧着课程""小立课程，大作功夫"[2]等。朱熹所说的"课程"，基本含义是课业及其进程，与我们今天所讲的"课程"含义比较接近。当今一些研究文献在解释"课程"概念时，习惯于以此含义作为基础。王本陆在《课程与教学论》一书中，从词源上分析了古今中外各种语境下课程的含义，认为课程就是教学的内容及其进程的安排，这是在不同语言中"课程"一词的基本含义，他指出学者对课程界定无不带有个人的价值倾向。因此，合理地给课程下定义，首先必须有逻辑性的基本知识，其次要有思想和批判能力，最后是要谙熟课程领域的事实与理论。[3]

在英语中，与"课程"相对应的词是 curriculum，它来源于拉丁文 currere，currere 的名词含义为"跑道"，而作为动词其含义是"奔跑"。因此，curriculum 可以理解为"学习的进程"，从英文角度 curriculum 译为"课程"，它的基本含义是"学程"，这与汉语中将"课程"理解为"学程"比较接近。

以上从中文、英文词源上分析了课程的含义，但是，要给课程下一个准确的定义仍是十分困难的。

国际教育界对课程的定义也存在很大的分歧。美国课程论研究专家奥利瓦总结了学术界对课程的多种理解，他认为可以从以下十三个方面对课程进行解读：（1）课程是学校所教的东西；（2）课程是一系列的学科；（3）课程是内容；（4）课程是一种学习方案；（5）课程是一系列材料；（6）课程是一系列学程；（7）课程是一系列行为目标；（8）课程是一种学习进程；（9）课程是学校里所发生的一切，它包括班外活动、指导和人际关系；（10）课程既是学校内所教的东西，也是学校指导下校外所教的东西；（11）课程是由学校相关人员所设计的一切；（12）课程

---

① 北京师联教育科学研究所．（唐）王通、孔颖达经学教育思想与教育论著选读《文中子》《五经正义》第 2 辑 第 4 卷 [M]．北京：中国环境科学出版社；学苑音像出版社，2006.
② （宋）朱熹；朱杰人，严佐之等．朱子全书 [M]．上海：上海古籍出版社；合肥：安徽教育出版社，2002.
③ 王本陆．课程与教学论 第 3 版 [M]．北京：高等教育出版社，2017.

是学校中学习者所经历的一系列经验；（13）课程是作为学校教学之结果的学习者个人的经验。

《简明国际教育百科全书·课程》提出了九种比较有代表性的课程定义：（1）为训练儿童和青少年集中思维和明确行动的目的而制定的潜在经验的序列；（2）在学校指导下的学习者的全部经验；（3）使学生有资格毕业，或取得文凭，或进入某一专业或职业领域而由学校提供给学生的教学内容或者具体教材的总计划；（4）课程是探索学科中的教师、学生、科目和环境等因素的方法论研究；（5）课程是学校的生活和纲领……一种有指导的生活事业，它变成青少年和他们长辈生活中能动的活动的场合本身；（6）课程是一种学习计划；（7）为在学校的指导下，使学生的个人的和社会的能力获得不断的、有意识的发展，通过知识与经验的系统重建而形成的，有计划和有指导的学习经验以及预期的学习结果；（8）课程必须基本上由五大领域的有组织的学问组成，即母语和语法、文学和写作、数学、科学、历史和外语；（9）课程被看作关于人们的经验（而不是结论）的逐渐表现出广泛可能的思想范例，人们从这些范例中引出结论，这些结论只能在这些范例的背景中扎下根基，并获得认可[①]。从上述一些专家学者关于课程的定义，我们可以看出学术界对课程的理解还是有很大差异的。

澳大利亚教育学家马什在《理解课程的关键概念》一书中，提出了课程的六种定义：（1）课程是体现基本知识的"固定的科目"；（2）课程是那些对当代生活最有用的科目；（3）课程是学校负责的所有有计划的学习；（4）课程是为了让学生在多种多样的学习场所获得技能和知识而提供的学习经验的总体；（5）课程是学生通过使用计算机及诸如因特网的各种网络进行工作而建构起来的东西；（6）课程是对权威的询问和对关于人类情境的复杂观点的探索[②]。到目前为止，国际上对课程的解释也没有达成共识。

自20世纪80年代起，国内开始关注课程理论研究，我国学术界对"课程"提出了不同的看法。徐继存从多元课程观出发，认为课程本质是课程是什么的问题，他认为："迄今为止，没有一个课程定义可以使所有的课程研究者都感到满意，

---

① 江山野.简明国际教育百科全书·课程[M].北京：教育科学出版社，1991.
② （澳）科林·马什.理解课程的关键概念[M].北京：教育科学出版社，2009.

也没有任何一个定义是永远不能改变的。因为，各种不同的课程定义反映着各种不同的课程本质观，同时也反映着人们对课程、对教育和学校、对学生，乃至对知识、对社会的观点及其发展变化。多元的课程本质观是有其必然性的。"①

国内学者对课程的概念提出如下几种观点。

（1）"学科"说。认为"课程"分为广义与狭义，广义指为实现各级各类学校的培养目标而确定的教育内容的范围、结构和进程安排。狭义指教学计划中设置的一门学科。

（2）进程说。《朱子全书·学六》："宽着期限，紧着课程。"②课程有"功课的进程"之意。

（3）计划（规划）说。廖哲勋、田慧生在《课程新论》中指出："课程是在一定学校的培养目标的指引下，由具体的育人目标、学习内容及学习活动方式组成的，具有多层组织结构和育人计划功能、育人信息载体功能的，用以指导学校教育、教学活动的育人方案，是学校教育活动的一个组成部分。"③李秉德在《教学论》中提出："课程就是课堂学习、课外学习以及自学活动的内容纲要和目标体系，是教学和学生各种学习活动的总体规划及其过程。"④

（4）总和说。王策三认为："课程是教学内容和进程的总和。'课程'和'教学计划''教学大纲''教科书'两种称谓可以并行不悖，互相补充，结合起来。"⑤

（5）教育内容说。这种观点认为课程是为实现学校教育目标而选择的教育内容的总和。

（6）学校经验说。这种观点沿袭了美国著名教育家杜威的思想，认为只有使学生亲自参加活动，学生才可能从中学到以前没有学过的东西、获得经验，我们才能认识和预见学习对其现在和未来的行动所产生的后果。

（7）法定知识说。教育社会学研究者认为课程作为社会文化的一部分，必然受到社会现有的政治、经济、法制等诸多因素的影响，作为社会文化的一个重要组成部分课程既传递和复制社会文化，同时也要受社会文化尤其是意识形态的

① 徐继存，车丽娜.课程与教学论问题的时代澄明 [M]. 济南：山东教育出版社，2008.
② （宋）朱熹著；朱杰人，严佐之，刘永翔主编.朱子全书 [M]. 上海：上海古籍出版社，2002.
③ 廖哲勋，田慧生.课程新论 [M]. 北京：教育科学出版社，2003.
④ 李秉德.教学论 [M]. 北京：人民教育出版社，2001.
⑤ 王策三.教学论稿 [M]. 北京：人民教育出版社，2005.

规范和制约。课程是由承担着社会代言人角色的教育机构编订、编制、编撰、审定的，不论这些课程计划、课程标准及教材是否存在，以及在多大程度上存在着不合理甚至荒谬之处，它们都具有合法性。美国社会教育学家阿普尔认为课程是教育知识的法定基本形式。[①]

（8）文化说。持这种观点的学者认为课程内容的选择不能忽视特定社会文化的制约作用，人们只能在社会文化发展所允许的范围内寻求，而且不能机械地模拟和重复社会文化，所选择的课程内容应是人类文化遗产中最具广泛的适应性和迁移性的内容，是人类最精粹的文化要素。其实，国内研究者关于课程的定义远不止这些。随着各国教育教学实践以及教育信息技术的发展，人们对课程的认识也会越来越深入。"课"指一门或一类课程，如语文课和数学课、基础课和专业课；也指教材组成的数量单位，如一学期的语文教材分为若干课。"程"即"程序"。结合上述国内外对于课程的研究，我们似乎可以这样给课程下定义，从狭义角度讲，课程即课业及其进程，指学校开设的教学科目的总和以及它们之间的开设顺序和时间比例关系；从广义角度讲，课程即学校中有组织的教育内容，指为了实现教育目标而规定的教学科目及其目的、内容、范围、分量和进程的总和。它不仅包括知识技能方面的内容，还包括思想品德、行为习惯、身体素质等各方面的内容；既包括课内活动，也包括课外活动。

2. 课程的本质

我们探讨了课程的概念，那么什么是课程的本质呢？与课程的定义有不同的观点一样，对于课程本质的认识人们也不完全一样。有研究者分析了学术界对课程本质的研究现状，提出了国内比较有代表性的三种课程本质观。

第一种，教学科目说。该观点影响比较大，往往被认为是最具代表性和普遍性的观点。持这种基本观点者认为课程本质上是教学科目或教学科目的总和。国内不少教育学教材也持这一观点。广义而言，课程指了实现学校培养目标而规定的所有学科的总和，或指学生在教师指导下的各种活动的总和，如中学课程、小学课程；狭义而言，课程指一个学科，如数学课程、历史课程等。一些比较有影响的工具书也持相似的观点。把课程的本质理解为教学科目，有久远的历史渊

---

① 吴康宁.课程社会学的研究对象 [J].上海教育科研，2002（9）：4.

源，必然有其合理性。我国古代奴隶社会教育的内容主要是礼、乐、射、御、书、数六艺、封建社会教育内容主要是"四书"和"五经"，这些都是典型的科目课程。1949年后，中小学教育一直实行学科课程，高校政治理论课也沿袭了这一传统做法。学科课程相对来讲更具有系统性、逻辑性、连续性、简约性等特点，便于教师循序渐进地开展教学，易于学生学习和掌握扎实的基础知识，在一定的时间阶段内提高学习效果。事实上，学生学习并不限于已有的学习科目，因而学科课程也有明显的缺陷，比较容易形成和加剧学科的分离，不利于学生学习新知识与新观念，也不利于课程体系的完善和变革。在教育教学实践中，学生学习知识不完全局限于已有的教学科目，教学科目往往过于强调所学知识的分类，造成知识的完整性与现实社会生活和实践的脱节。

第二种，教学活动说。此观点认为将课程的本质理解为教学科目显得不够全面，有学者认为课程是学生各种自主性学习活动的总和，学生通过与活动对象的互相作用，从各种活动中获得知识，实现自身各方面素质的发展。这种课程本质观强调学习者是课程的主体，因而注重发挥学习者个人的主观能动性，学习者在实践活动中学习，教育者要从学习者的兴趣、爱好、需求、能力、素质出发，因材施教，在教学活动中，教育者不仅要重视学习者直接经验的学习，更要重视其间接经验的获得。其实，教学科目说与教学活动说并不矛盾。

第三种，学习经验说。该观点认为学生只有经过亲身实践才能称得上学习，学生将所学的知识最终转化为学生个体拥有的宝贵经验，从而促进个体的进步与发展。该观点还认为课程不应仅限于学习者在学校里学习的直接经验，还应包括在学习过程中获得的间接经验。该观点主要来源于杜威的实用主义教育理论，杜威认为教育是经验的改造或改组，这种改造或改组既能增加经验的意义，又能提高后来经验生长的能力。杜威所说的"经验"不仅具有名词含义，更主要是它的动词意义强调学生要在学习的过程中去亲身经历与体验，并把这些"经验"作为课程本身的重要组成部分。学习经验说比较注重发挥学习者学习主体的作用和其在课程学习中的感受，注意从学习者的立场出发组织课程，以学习者实践活动的形式来实施课程，突出了学习者与课程之间的互相作用，将学习者自主学习与体验也看作课程的一部分，从而克服了传统课程观没有充分关注学生的学习过程体验的情况。学习经验说把课程本质归结于学习经验，认为课程不再仅仅是学科和教材，而是师生共同建构学习经验的过程，是师生在互动过程中产生的经验；课程不仅包括知识，还包括学习者占有和获取知识的主体活动过程，是在充满生机的社会交往活动中建构产生的。但是，我们也不应忘记教育的根本宗旨是"培养什么样的人"，学生无论是学习间接经验，还是亲身参加实践获得直接经验，目的都是成为中国特色社会主义事业建设者和接班人，人们不能离开教育的根本宗旨，片面地看待"经验"。有研究者指出：当代课程的本质，就是在一定培养目标指引下，由系列化的课程目标、课程内容及学习活动方式组成的，具有复杂结构与运行活力的，用以促进学生各项基本素质主动发展的指南。这一界定包含五个要点：培养目标的指引；构成课程的基本成分；复杂的结构与运行的活力；课程的根本功能；育人的指南。

从上文关于课程本质的分析，我们可以看出，由于课程概念本身的复杂性，人们对课程的认识不同，对其本质的认识也不可能完全一致。把课程本质归结于教学显得比较狭隘。随着教育教学实践的发展，人们对课程本质研究的不断深入，教学活动说突出了学生是课程学习的主体，教育者应尊重学生学习的主体地位，注重发挥学生学习的积极性，强调在课程教学中学生要通过与活动对象的相互作用，来实现自身各方面的发展。学习经验说认为课程是学生学习过程中获得的直接经验与间接经验的总和，这可能更加符合课程学习的实际情况。就本书而言，作者所持的课程本质观为学习经验说，即认为课程的本质是学校通过有目的、有计划、有组织，由系列化的课程目标、课程内容等构成的教育教学活动及学习活动，使学生获得直接经验与间接经验，以利于学生健康成长，成为社会所需要的人才。

（二）高校思政课程的内容

中华人民共和国成立以来，高校思政理论课程随着国家政治经济形势的变化和社会对高校培养人才思政素质提出的新要求，逐步走向科学化发展之路。在长期的育人实践中，我们党已经形成了一整套思政理论教育的内容体系，这一内容体系构成了思政理论教育教学的核心，反映了大学生思政素质培养的规律和要求。

2020年4月，《教育部等八部门关于加快构建高校思想政治工作体系的意见》

（以下简称《意见》）发布了。

根据《意见》的内容，要把握高校思想政治工作体系构建的指导思想和目标任务。构建高校思想政治工作体系要以习近平新时代中国特色社会主义思想为指导，全面贯彻党的教育方针，坚持和加强党的全面领导，坚持社会主义办学方向，以立德树人为根本，以理想信念教育为核心，以培育和践行社会主义核心价值观为主线，以建立完善全员、全程、全方位育人体制机制为关键，全面提升高校思想政治工作质量。

对于目标任务，《意见》提出要健全立德树人体制机制，把立德树人融入思想道德、文化知识、社会实践教育各环节，贯通学科体系、教学体系、教材体系、管理体系，加快构建目标明确、内容完善、标准健全、运行科学、保障有力、成效显著的高校思想政治工作体系。

目前，高校四年制本科的思政理论课程设置除了有（1）马克思主义基本原理；（2）毛泽东思想、邓小平理论和"三个代表"重要思想概论（2008年改为"毛泽东思想概论与中国特色社会主义理论体系概论"）；（3）中国近现代史纲要；（4）思想道德修养与法律基础，同时，开设"形势与政策""当代世界经济与政治"等课程，还新加入了"习近平新时代中国特色社会主义思想概论"课程，习近平新时代中国特色社会主义思想已经融入高校思政教育课程之中。"马克思主义基本原理"着重讲授马克思主义的世界观和方法论，帮助学生从整体上把握马克思主义，正确认识人类社会发展的基本规律。"毛泽东思想、邓小平理论和'三个代表'重要思想概论"着重讲授中国共产党把马克思主义基本原理与中国实际相结合的历史进程，充分反映马克思主义中国化的三大理论成果，帮助学生系统掌握毛泽东思想、邓小平理论和"三个代表"重要思想基本原理，坚定在党的领导下走中国特色社会主义道路的理想信念。"中国近现代史纲要"主要讲授中国近代以来抵御外来侵略、争取民族独立、推翻反动统治、实现人民解放的历史，帮助学生了解国史、国情，深刻领会历史和人民是怎样选择了马克思主义，选择了中国共产党，选择了社会主义道路。"思想道德修养与法律基础"主要进行社会主义道德教育和法制教育，帮助学生增强社会主义法制观念，提高思想道德素质，解决学生成长成才过程中遇到的实际问题。

当然，思政理论课程体系的内容不可能一劳永逸。中国特色社会主义实践在向前发展，必然会产生新的理论成果，思政理论课程的内容也应该与时俱进，体现党的理论创新的最新成果，反映党领导人民在认识世界改造世界过程中形成的思想认识成果。我国高校思政理论课建设，历来是随着我们党在理论上的重大进展、战略上的重大调整而不断发展、推进的。思政理论课程"05方案"的正式实施，要求我们坚持用发展着的马克思主义武装大学生，坚持理论联系实际，贴近实际、贴近生活、贴近学生，不断改进教育教学的内容。思政理论课程体系充分体现了马克思主义中国化的最新成果，充分体现了中国特色社会主义实践的最新经验，充分体现了马克思主义研究的最新进展，建构了以邓小平理论、"三个代表"重要思想、科学发展观、习近平新时代中国特色社会主义思想为中心内容的思政理论课程体系，为培养德智体美劳全面发展的社会主义事业建设者和接班人发挥重要引领作用。

二、高校思政理论课建设的策略

（一）加强基础理论研究

中国共产党在理论创新问题上是有着高度自觉的，也十分注重理论创新对实践创新的推动作用。事实上，党和国家事业的发展进步本来就是理论创新和实践创新协同推动的产物。高校思政理论教育也是如此，尤其是从"85体系"开始，高校思政理论课的学科化问题越来越得到重视。高校思政理论课的学科依托逐步由二级学科"马克思主义理论与思政教育"升格为"马克思主义理论"一级学科，学科平台越来越宽阔、越来越雄厚。可以说，我国在思政理论教育的基础理论研究和学科化方面取得了重要进展，成绩是客观存在的。但也存在明显的问题和不足。因此，我们应当在以往成就的基础上，树立学科群的理念，戒骄戒躁，扎扎实实，大力加强高校思政理论课的基础理论研究，以引领和推动课程的建设和改革。

（二）多样化的思政理论教育形式

纵观当今世界各国的思政理论教育，尽管在内容上千差万别，但无论是形式还是途径，都不约而同地向多样化方向发展。

传统思政教育往往由政府主管，形式上以说理、灌输为主，途径主要是家庭和学校。第二次世界大战后，各国的思政理论教育都发生了很大变化，主要表现为形式和途径的多样化，但传统的形式和途径并未因此被废弃，它们在各国的思政理论教育中依然发挥着主导作用。

具体地说，当今世界各国高校思政理论教育形式和途径的多样化，主要表现为以下方面。

第一，开设思政理论课程，对大学生直接灌输主流意识形态。在英国，高校普遍开设宗教教育课、伦理道德课等直接灌输主流意识形态的课程。深受儒家文化影响的韩国、新加坡等东亚国家，以及我国的港、澳、台地区，也十分重视对大学生进行直接的思政理论教育，均普遍开设具有直接灌输性质的思政理论课。不过，它们开设的思政理论课绝大多数属于选修课，对学生不作强制要求。

第二，注意对大学生进行渗透式的思政理论教育。首先是学科渗透。一些国家除了开设专门的思政理论课程之外，还把思政理论课程目标渗透到文理各科教学之中，使所有学校课程都成为思政教育的载体。英国的教育基本法明确规定，各级各类学校都要把公民素养教育作为教学的基本任务和目标，同时要求任何教学都必须贯彻落实教育性原则，即把道德教育、公民素质教育有机地渗透入各科教学之中，最常见的是渗透到文学、艺术、历史、哲学、地理、体育、健康教育等课程中，对学生施以不同的影响。

第三，重视实践教学环节，让大学生参加各种社区服务、社会服务，为大学生提供与社会联系的机会，培养大学生的社会责任感、社会公德意识和公民意识。英国高校十分重视利用课外活动对大学生进行思政教育，学校经常组织集体活动，如各种集会、宗教活动、俱乐部活动、学生会活动等，通过这些活动教育学生积极与人接触和承担社会责任，使学生逐步懂得公民的权利和义务，促进其道德意识的形成。俄罗斯同样重视通过活动课程来教育大学生。俄罗斯的许多公共文化机构对学生实行免费专场制度，成为学校实施思政教育的重要阵地。学校还组织学生参观、访问和进行社会实践，如参观国家杜马、地方自治机关、法院等，并了解它们的工作；组织科学小组、学生团体对社会问题进行实地调查并寻求解决办法。其他国家也通过形式多样的实践活动对本国大学生进行思政理论教育。

可见，世界各国普遍意识到，要以活动为教育载体提高思政理论教育方案的可操作性，通过让受教育者亲身参加丰富多彩的活动受到教育，达到提高认识、培养感情和养成良好行为习惯的目的。旅游、参加社团活动、参加社会义务劳动等，已成为世界各国普遍进行思政理论教育的途径。

中华人民共和国成立尤其是改革开放以来，中国共产党和中国政府也逐渐意识到高校思政理论教育形式和途径的多样化问题，相关的论述和政策措施并不少见。1994 年 8 月，中宣部颁布了内容十分丰富的《爱国主义教育实施纲要》，其中提到要拓宽爱国主义教育的渠道，强调通过群众丰富多彩的实践活动取得教育成果，体现了寓思政教育于活动之中的用意。从 1997 年到 2009 年，中宣部先后公布 4 批总计 353 个全国爱国主义教育示范基地。这些爱国主义教育示范基地涵盖各类博物馆、纪念馆、烈士纪念建筑物、革命战争中重要战役与战斗纪念设施、文物保护单位、历史遗迹、风景胜地和展示我国"两个文明"建设成果的重大建设工程、城乡先进单位等重要场所。除全国爱国主义教育示范基地之外，各级地方政府也公布了各自的爱国主义教育示范基地。参观这些基地成为我国高校开展思政理论教育十分重要的途径，其发挥的育人作用难以估量。

在对高校思政理论教育形式和途径多样化探索过程中，2004 年 8 月公布的《关于进一步加强和改进大学生思想政治教育的意见》是一个里程碑式的文件。该文件规定了高校思政理论课是大学生思政教育的主渠道，肩负着直接进行思政教育的重任。文件规定："形势政策教育是思政教育的重要内容和途径""高等学校哲学社会科学课程负有思政教育的重要职责""高等学校各门课程都具有育人功能，所有教师都负有育人职责。"[①] 这些论述显然与当今世界通行的学科渗透的做法相一致。该文件还提出要努力拓展新形势下大学生思政教育的有效途径，其

---

① 中共中央国务院发出《关于进一步加强和改进大学生思想政治教育的意见》[J]. 中国高等教育,2004(20):5-7.

中提及了社会实践、校园文化、网络阵地、心理健康教育等途径。还提出要努力营造大学生思政教育工作的良好社会环境，说明我们党已经意识到社会力量在大学生思政教育中的重要作用。

因此可以说，在对高等学校思政理论教育形式和途径多样化问题的认识和处理上，与世界其他国家相比，我国并不落后。但是我们存在的问题究竟在哪里呢？

一是直接灌输存在效果并不理想的问题，即学校思政理论课实效性不强，也就是存在如何针对大学生的思想特点提高思政理论课和哲学社会科学一些学科的针对性和实效性，增强这些课程和学科的吸引力、感染力、说服力的问题。

二是间接灌输存在的问题，概括起来就是"重视不够，办法不多"。所谓重视不够，就是少数学校对思政理论课存在形式上重视、实际上并不重视的问题，没有把大学生的思政教育摆在首位并贯穿教育教学的全过程，对思政理论课的人、财、物投入并不到位；所谓办法不多，就是面对大学生思政教育面临的复杂而严峻的新形势、新挑战，从执政党到高教管理者乃至广大教师的应变能力、创新能力和主动出击的能力不强，改进高校思政理论课教育教学效果的办法和措施并不多见。

三是由于我国正处于改革攻坚期，社会矛盾凸显，社会存在的大量负面因素经由互联网的放大效应，产生了不良的社会影响。日趋复杂的社会环境增加了高校思政理论教育的难度。我们应当正视上述问题，认真研究世界其他国家尤其是西方发达国家在这方面积累的有效经验，结合我国实际情况，积极探索高校思政理论教育的新形式和新途径。

（三）调整思政理论课程体系

进入 21 世纪，我国重新崛起为世界强国的态势日益明朗，正如习近平总书记所说的那样，我们现在比历史上任何时期都接近中华民族复兴的目标。随着我国加速由世界边缘走向中心，国际地位发生了近代以来最重大的变化，我国与世界的关系也发生了重大变化。20 世纪 80 年代，邓小平提出了"三个面向"的教育方针，在 21 世纪的今天我们需要赋予这一教育方针新的内涵。教育方针必须反映时代的变化，反映国家和世界的变化，反映党和人民在我国与世界关系问题上的新认知。由于我国与世界关系的变化，我国的教育对人才培养的目标和要求自然也要作出相应调整。在民族复兴的背景下，如何顺应时代的潮流和人民的殷切期待，重新审视民族性和世界性的关系，通过调整和改革，积极构建符合"三个面向"要求的课程体系，就成为我国高校思政理论教育面临的一个重大课题。

具体而言，在课程目标上，我国应在现有的相关论述的基础上，添加世界性和全人类性的维度，让大学生知晓世界的历史、文明和发展，了解当代的全球性问题，清楚我国在世界上的位置以及我国在解决全球性问题中所扮演的角色和发挥的作用。一句话，我们应当把培养具有丰富的世界知识、宽广的世界眼光和清醒的全球意识的中国公民作为高校思政理论课程的重要目标，这是我国要做负责任的世界大国的国家定位在高校思政理论课程目标中的贯彻落实。

我国是作为一个具有诸多方面独特性的国家重新崛起的，在重新崛起的过程中，在与世界其他国家、其他文明交流交融的过程中，如何保持民族性，以及保持怎样的民族性是一个亟待解决的重要问题。在这个问题上，仁智互见，但中华民族的民族性的核心应当是中华文化，就时间的维度而言，包括传统文化和现代文化，就层次而言，包含物质文化和非物质文化。中华文化的当代形态乃是中国特色社会主义文化。因此，在高校思政理论课程目标的设置上，我们必须保留和彰显民族性，并使它与世界性相辅相成，相得益彰。根据民族性和世界性相结合的理念，来对高校思政理论课程体系进行必要的调整和改革。总之，高校思政理论课程改革的总体方向是构建一个涵盖中华民族生活的基本方面、传统与现代交融的课程体系。

第二节　高校思政课程改革

思政课作为高校思政工作开展的主渠道，在全面贯彻党的教育方针，落实立德树人的根本任务，实现人才培养目标中，起着至关重要的作用。

一、高校思政课程教育改革

（一）高校思政课程教育的改革策略

1. 树立立德树人的育人理念

"立德树人"是指高等教育应该以培养德才兼备的人才为目标，既要注重学生的品德教育，使其具备优秀的道德品质和社会责任感，同时也要注重专业技能的培养。然而，长期以来，不仅是高校，还包括社会各界都存在对育人观念的偏差，更加注重专业技能的训练和提升，对于德行的培养则较为忽视。这种现象在一些高校中十分常见，与我国历史上的教育传统和高校育人的本质存在明显的冲突。

德育教育是一种历史悠久的教育理念，早在古代教育中就已经认识到德育培养对个人全面发展的重要性。在《左传》[①]中，立德被视为最重要的品质，因为只有具备高尚的德行才能取得功绩并表达自己的观点。这种观点证明了德行对于个人发展的重要性。因此，在当前阶段的高等教育中，仍然要坚持先注重德育，再进行人才培养的基本理念。

自中华人民共和国成立以来，我们的党和政府一直高度重视学生在道德、智力、体育、美术和劳动等各方面的全面发展和提升。特别是在育人方面，我们更是将德育置于首位，将立德树人作为教育的重要理念和任务。这一点在党的十八大时首次被提出，十八届三中全会时也再次重申，这充分体现了我国政府将立德树人作为当前各高等院校教育教学改革的总体理念。可以说，贯彻立德树人的育人观是对我国"德育为先"优良传统的坚守和继承，也是对我国新时期教育方针的改革和强化，更是新时期下高校育人过程中对德育教育的重视。

2. 坚持立德树人的育人之道

各大高校的基本职能包括人才培养、科学研究、文化传承以及社会研究，但是有些人错误地认为这四项任务有着同样的重要性，而不是有着明显的优先级和依赖关系。然而，人才培养应该是高校的核心任务，因为高校的发展取决于它们对社会人才需求的满足。科学研究、文化传承和社会研究等任务只是为人才培养

---

① （春秋）左丘明 . 左传 .[M]. 西安：陕西旅游出版社，2003.

提供支撑和保障的辅助手段，最终目的都是为了更好地服务人才培养。

从历史角度来看，大学的本质就是"学堂"，旨在培养人才。因此，各大高校的首要目标是人才培养，然而科学研究和社会服务等只是辅助项。教学过程与人才培养是各大高校传承中华文明的首要渠道和主要阵地。因此，育人应当占据各大高校的核心地位，只有育人才是高校的根本职责。如果将科学研究作为首要目标，那么大学就失去了其本质，更应该成为一个研究院。

3. 发挥高校思政理论课的重要作用

在高校进行人才培养时，必须贯彻立德树人的教育观念。立德树人作为高校的基本理念应该贯穿于每一个科目和教学环节中。高校的思政理论课程具有非常重要的优势，因为当今的"立德"不仅包括传统的道德修养和心理健康等方面，还包括共产党员的思想信仰、政治品质、马克思主义信仰和其他具有时代内涵的内容。此外，也包括坚定信念、坚守特色社会主义道路等内容。

所以说，立德树人所指的"人"并不是简单的社会所需人才，而是具备社会主义核心价值观和道德品质的人群，他们是我国社会主义事业的可靠接班人。在这种情况下，思政理论课程需要肩负起立德树人的重要任务，充分发挥其作为中国特色社会主义理论体系和马克思主义理论传播的教育载体的优势。

（二）思政课程过程管理理念的改革探究

1. 思政课程的过程管理理念探究

管理思想和观念是在理性思考和实践探索的基础上形成的，它包括了过程管理的意义和目标，以及在具体管理活动中指导我们行事的基本原则，等等。

（1）思政课过程管理的内涵

过程管理的核心思想是通过科学有效的过程设计和及时反馈问题的处理来保证工作按计划完成，纠正偏差，优化管理效果和质量，以确保实现目标。虽然过程管理最早是在企业管理中应用的，但它现在已经被广泛应用于高校教育质量管理的不同层面，在这里面就含有宏观、中观和微观层面。宏观层面的过程管理指对学生的整个学习过程进行跟踪管理，包括入校、学习、毕业和就业等各个环节，以确保高等教育的过程质量和人才培养质量；而中观层面的过程管理则是对教育教学中的各个子过程实行流程管理，如教学计划的制订、实施，教材开发与选择，组织教学以及考试考核等；而思政课的过程管理则是基于高校教育质量管理的微观层面，通过对课程的整个运行过程进行科学设计、合理实施、全面监控和及时改进，以提高思政课的实效性，实现育人目标。

（2）思政课过程管理的原则

为了在思政课的课程管理中实现过程管理的有效应用，我们需要充分考虑两者的特点，并确定适用于思政课的过程管理基本原则，以指导具体的管理实践。这些原则包括服务性、系统性、开放性和实效性四个方面。

在思政课教学中，我们需要以服务原则为基础来确立过程管理的定位。虽然过程管理在课程管理中扮演重要角色，但它的目的是服务于教学效果的提升和教学目标的完成。因此，在开展过程管理时，我们必须深入把握教学内容并灵活运用教学方法，否则会因为过度追求过程的规范化和制度化，而忽视了教学的本质，最终导致无法真正提高思政理论课的教学实效。

在设计思政课过程管理的整体措施时，我们需要贯彻系统原则。这意味着我们必须从系统的角度出发，构建互相协调、相互促进的实施主体，并采取系统性的思路设计具体的操作环节。只有这样，才能形成协同作用的课程管理和互相支持的管理措施，充分发挥过程管理的作用，更好地服务于思政课的教学目标。

然后，为了保证过程管理的措施能够及时反馈问题并进行调整改进，我们需要实行开放原则。这就意味着，我们需要在规划和设计管理方案时，重视建立良好的沟通交流平台，及时收集和反馈信息。同时，在实施过程中，我们需要注重监测和改进环节，避免僵化保守的管理模式，建立动态开放的管理过程。

最后，关于过程管理的目标，我们需要始终坚持实效原则。过程管理的最终目标是提高思政课的教学质量，实现育人目标。因此，我们需要关注过程管理的实际效果，通过实际的育人效果来检验过程管理的实效性。只有在实践中取得实效的过程管理才是有意义的，否则即使过程管理措施再完备也无法达到预期的效果。

2. 思政课程过程管理的实践

思政课的过程管理是一个有机整体，它涵盖了环境、目标、主体和客体四个方面的要素。实际管理活动是在这四个要素之间相互作用和统一的基础上展开的。

（1）优化管理环境

管理活动的实施环境是管理的要素之一。思政课作为一门课程，在整体上有着比较完善的环境，能够很好地支持和推进其教学工作。但是，在具体的教学运行过程中，仍然存在一些不足之处。例如，一些大学生缺乏对思政课的学习积极性和主动性，再加上通常采用的大班教学方式容易产生消极的群体影响，这些因素都可能导致学生产生懈怠心理，并通过课堂上的不良行为表现出来，从而影响课程的运行和效果。

为了过程管理实施过程更加有效，应该加强改善管理环境。一方面，高校管理部门应该更加注重课程运行过程的管理，不仅要对宏观和中观过程进行调节，而且还要更多地关注微观运行过程。另一方面，主讲教师应该积极参与过程管理的研究和探索，重视管理措施的创新与教学内容的更新，构建规范的管理体系，以激发学生的学习兴趣，并有效改善大班教学过程中带来的许多不好的影响。

（2）确立管理目标

虽然过程管理注重管理的过程，但它同样需要明确的目标体系。思政课过程管理的总体目标是通过规范课程运行过程，保障教学质量，提高教学效果。要实现这个目标，需要建立清晰的层级目标体系。

具体目标贯穿于思政课运行过程的各个阶段，以实现总体目标。

在课堂教学阶段，采用大班教学方式会使得思政课教师面对数量庞大的学生，难以实现良好的互动和交流。这种情况下，学生因为缺乏展示自己个性的机会而可能会压抑内在的成就动机，同时由于人数太多，学生可能难以发挥外在评价的作用。这些因素都会导致学生在课堂上表现出消极听讲和缺乏思考的现象。因此，思政课在大班教学阶段的目标是通过小班管理来强化外在评价机制，激发学生的内在成就动机，让学生明确意识到他们的努力对教学过程的完成是不可或缺的，并且他们的努力程度是可以被识别和获得相应评价的，从而鼓励学生积极参与和主动学习。在课后实践阶段，过程管理的目标是建立课内外衔接机制，以便学生的参与和表现情况能够纳入课程运行过程中，解决教师时间和精力的限制问题，使教师能够进行适当的管理和评价。

在课程考核阶段，过程管理的目标是强调学习过程的重要性，以避免"一张试卷定终身"的现象。第一，增加平时成绩在总成绩中的权重，减少期末成绩的比重，使反映学习过程的平时成绩对课程的结果具有决定性作用；第二，详细说明平时成绩的评估标准，建立综合考评机制，将学生的出勤情况、课堂思考和讨论、参与课内外主题活动等内容进行考虑，以确保平时成绩的评估具有明确的依据。

（3）构建管理主体

在思政课的教学管理中，需要明确管理主体是谁。虽然高校的教育管理部门是过程管理的指导者和监管者，但是在思政课的具体课程中，需要建立由教师和学生辅导员构成的育人队伍来作为管理主体。这两个团队之间形成了一种合作关系，因为他们共同拥有育人目标，并且能够相互配合来实现教学管理的目标。除此之外，在高校的思政教育中，教师和学生辅导员分别负责第一和第二课堂的教学。这两个团队各自具有如下优势：教师拥有较高的理论修养，能够对学生进行思想引导；而辅导员则拥有丰富的实践经验，能够以较为自由的形式与学生进行交流。他们一起构成了教辅结合的育人队伍，实施过程管理，从而提高管理效率，让课程目标的全面实现更加快速。构建这种教辅结合的过程管理主体对教师和辅导员的综合素质就有了更加严格的要求。

就教师团队而言，他们应该需要具备专业的理论素养，并建立一种平等尊重的新型的师生关系的相关理念。同时，他们还应该真心关注学生的思想发展以及全面成长，不仅需要在课堂上表现出良好的沟通和表达能力，还需要与学生工作部门、团委、辅导员等合作，在此过程中促进教育的合力的形成。就辅导员团队而言，他们需要在具体工作中尽职尽责，具备敏锐的视角和较强的理论综合能力，以准确把握学生的思想动态，为过程管理提供更好的参考和借鉴。此外，辅导员还需要善于在对学生的个别辅导中循循善诱，并加强对学生的整体引导，以更好地参与到思政理论课的教学和实践的辅助工作中。

（4）拓展管理客体

那么管理课题回答管什么样的问题呢？思政课过程管理的管理课题，即围绕课程的运行过程，通过策划、实施、反馈、改进等环节来进行系统管理。在这里面，策划是整个教学过程的起点，教师需要根据教学大纲和学生的特点来设计整体教学过程；实施是整个教学过程的基础环节。

过程管理的具体措施主要应用于思政课程的实施阶段，通过课堂教学、课后实践、课程考核等方式来实现整体目标。反馈是思政课程运行的重要保障，包括期初、期中和期末的反馈，来源包括学生、教师、教学督导等多方面反馈。只有建立有效的反馈和评价机制，才能确保过程管理的有效性。改进则应该是对上一轮课程运行过程的总结和反思，同时为新一轮的策划提供借鉴和启示。

当前，对于高校思政课过程管理的理论研究和实践探索还存在不足之处，需要进一步探索整体的管理理念和具体的管理措施，以提高思政课的教学针对性和有效性，充分发挥其在马克思主义理论教育中的主渠道作用。

二、高校思政课程内容的改革

（一）教学结构体系的构建

众所周知，我国高校思政理论课在教学内容上有其独特性，这就要求相关教师需要更高的要求，必须积极应对当前阶段教学过程中存在的结构性矛盾，以及理论教材体系与教学体系之间的矛盾。

首先，要解决结构性矛盾。高校思政理论课程的教学体系应该突出我国特色社会主义理论与实践作为重点内容，但同时也要避免重复教学的情况，因此需要从教者解决教学体系中的结构性矛盾。通过课程改革和建设，建立起更加科学合理、具有明晰结构梯度的教学体系，以满足教学需求。

其次，就是要解决教学体系和教材体系这两个之间不协调的矛盾。解决教学体系和教材体系之间不协调的矛盾是当前高校思政理论课程教学中的重要任务之一。虽然教育部对教材的要求是全国统编，但不同高校的学生具有不同的地域和背景特点，因此必须采取因地制宜的措施，以更好地适应学生的需求和差异。在此基础上，我们应该以教材为基础，充分考虑高校和学生的实际情况，整合教学内容，促进教材体系向教学体系的转化，从而提高教学的针对性和实效性。只有这样，才能有效地解决教材统一性和教学对象多样性之间的矛盾，推动高校思政理论课程教学质量的不断提高。

（二）教学模式的改革

传统的"包班制"教学模式已经无法满足当前阶段中国特色社会主义理论与实践的教学需求。在该模式下，某位教师独自承担整个课堂教学过程，无法涵盖中国特色社会主义所涉及的丰富多样的内容。因此，需要探索新的教学模式来满足当前阶段高校思政理论课程的教学需求。由于我国特色社会主义涉及的内容十分广泛，且在不断的发展变化，因此，单一教师无法完全掌握和涵盖所有相关知识。因此，传统的"包班制"教学模式已经无法满足当今高校思政理论课程的教学需求。为了有效推进思政课程的教学模式改革和建设，相关教师需要积极探索和实践多样化的教学方式。

（三）管理模式的改革

思政理论课的改革不仅仅涉及学生和教师，还需要关注教学和管理。因此，管理模式的改革和建设也是思政理论课程改革和建设的重要内容之一。各学院在教学活动中必须采用全新的管理模式，以实现相互之间的有效联动和合作，这不仅可以支持课程的改革和建设，还可以实现对改革和建设效果的全面监控。此外，其还可以有效推动思政理论课程的改革。

三、高校思政课程教学方法的改革

（一）思政理论课教学方法概述

静态意义上的教学方法无疑有很多种，国内外不少学者，尤其是教育学界的学者深入研究过教学方法问题，提出了各具特色的教学方法理论。在这里面，威斯顿和格兰顿提出了一种分类方法，根据教师与学生之间的交流方式，将教学方法分为四种：教师中心的方法，如讲授、提问、论证等；相互作用的方法，如全班讨论、小组讨论、同伴教学、小组设计等；个体化的方法，如程序教学、单元教学、独立设计、计算机教学等；实践的方法，如现场和临床教学、实验室学习、角色扮演、模拟和游戏、练习等。这种分类方法可以帮助教师选择最适合教学目标和学生特点的教学方法，提高教学效果。以上这四种教学方法对我国高校思政理论课教学方法的改革也具有重要的借鉴价值。鉴于高校思政理论课的特殊性，我国的一些思政教育研究者还提出过灌输法、美育法和启发式教学；还有学者则指出了广播、节日、体育运动、体力劳动等课外资源对教学的作用。这些无疑反映出高校思政理论课教学方法的丰富性和多元化，思政理论课教师在这方面有相当广阔的作为空间。

动态意义上的教学方法是灵活多变的。兵无常势、水无常形，教学方法也是这样的，它总是以此时此地的教学内容、教学对象、教学环境为转移的。在课堂教授为主的前提下，教师可以尝试运用经典阅读法、现场辩证法、自主教学法等多种方法，其既可以作为课堂讲授法的补充，又能增强教学的生动性、丰富性和实践性。即便课堂讲授法本身，也可以细分为讲解法、谈话法、讨论法、讲读法、讲演法等，这些亦要教师根据教学的需要，不断变换、交叉运用。

（二）探索课程教学的方法

中华人民共和国成立以来，我国高校思政理论课教师积极对教学方法进行改革和创新，可以说各种各样的方法都曾被引入课堂，也都取得了或多或少的成绩。但是不管教学方法如何创新、如何求变，课堂讲授法始终是思政理论课主要的教学方法。我们可以预见在相当长久的未来，这种情况也不会发生根本改变，因为它符合思政理论课的实际和基本教学规律。

近些年来，课堂教学中专题讲授法和案例教学法备受师生青睐，也创造了较好的教学效果。《关于进一步加强和改进高等学校思想政治理论课的意见》中提出："要精心设计和组织教学活动，认真探索专题讲授、案例教学等多种教学方法。"[①] 可见，专题讲授法和案例教学法得到党政部门的肯定，成为教学方法改革的重要方向。

1. 专题讲授法

专题讲授法是一种以教学目标为导向的教学方法，它将课程的核心内容提炼为若干专题，并以这些专题为授课主题进行教学。当在上思政理论课时，专题讲

---

① 中宣部 教育部关于进一步加强和改进高等学校思想政治理论课的意见 [J]. 中华人民共和国教育部公报，2005（04）：31-35.

授法的优点主要有：以尊重教材为前提提炼出的教学主题，更贴近学生的现实生活，有助于解决学生的思想困惑，有针对性地回应他们的兴趣点，从而提高他们的学习积极性；专题讲授往往采取集体备课的形式，通过集体备课提炼出若干专题，根据教师专长，实现专题与承担教师的最佳组合，从而真正实现课程要素的优化组合，以集体协作克服单个教师知识上的不足，实现教学效果的最大化。20世纪90年代初，北京大学在"邓小平理论概论"的教学改革中引入专题讲座形式，效果良好。之后，北京大学思政理论课的教学全部采用专题讲座的形式，同样取得了很好的效果。据调查，目前专题讲授已成为全国高校思政理论课教师最常用的教学方法之一。

继续推进专题讲授法的推广和完善，应当注意以下几点。

首先，要确立以学生为本的教学理念。以学生为本，就是一切教学安排要以服务学生为宗旨，着重激发大学生学习的积极性和创造性，通过教学向学生传递正能量，坚定他们正确的理想信念。这就要求我们首先要研究学生，了解学生的兴趣点和思想问题，在专题的提炼和设计上，要有针对性地作出回应；在具体方法上，要使用大学生更熟知的语言和事例，运用启发式、参与式、研究式等多种教学方法，活跃课堂气氛，启发学生思考，在师生互动过程中释疑解惑。

其次，组织好以学生为主体的教学过程。专题讲授法要解决的不是教师授课本身的问题，而是怎样讲授才能提高教学效果，使学生从中获得知识，受到教育。以学生为主体来组织教学，要求师生之间良性互动、双向交流。这种良性互动、双向交流体现在教学的全过程中，包括课堂教学前的专题提炼和设计、课堂教学、课后的复习和作业。每一个环节都体现学生的主体作用，都向学生开放，让学生充分参与进来，充分发挥学生的积极性、主动性和创造性。

最后，要充分发挥教师的聪明才智，调动教师的积极性。这不是泛泛而谈教师的主导作用，而是把教师置于与学生平等的位置上而言的。表面上降低了教师的地位和作用，其实是以退为进，教师的作用更为重要。专题的提炼和设计、专题的讲授的主体其实都是教师。专题讲授的成效在很大程度上取决于教师的心血和汗水，因此，我们要像爱护学生的积极性一样去调动和激发教师的积极性。

2. 案例教学法

所谓案例教学法，是以真实的事件为基础撰写案例，围绕案例进行课堂互动，使学生在充分表达自己观点的同时，实现高层次认知学习目标的一种教学方法。简而言之，案例教学法就是以案例为媒介进行教学的方法，在高校思政理论课的实践中，案例教学法的运用已呈现方兴未艾的态势。在这方面，大连理工大学的做法具有示范性。早在1998年，该校就开始将案例教学法引入思政教育专业的课堂教学之中，编写了全国思政教育专业第一本教材《思想政治教育案例分析》。"05方案"实施后，他们以全国统编教材为蓝本，相继推出3本"马克思主义理论研究和建设工程重点教材配套用书"（高等教育出版社出版），分别是《"马克思主义基本原理概论"课教学案例解析》《"思想道德修养与法律基础"课教学案例解析》《"毛泽东思想、邓小平理论和'三个代表'重要思想概论"课教学案例解析》等辅导教材，还出版了国内第一部思政理论课案例教学方法论，在案例教学的探索运用上走在全国前列。在大连理工大学等高校的示范和教育部的推动下，案例教学法在全国高校迅速推广开来，逐渐发展为思政理论课课堂教学的主要方法之一。

多年来，案例教学法在全国高校思政理论课教学中得到不断推广，这种教学方法在调动学生的自觉性和积极性，使其自觉参与课堂互动和思考，从而在培养学生分析和解决问题的能力方面有重要作用。但是，案例教学法在实践过程中暴露出一些需要关注的问题。

一是案例选择不当。有的案例与教学内容相脱节，有的则过于强调趣味性，或者为了迎合学生的口味，而忽视了案例的思想性，有的案例过于陈旧或冷僻，而引不起学生的兴趣，这些都影响了教学效果。

二是案例内容和呈现形式较为单一。不少教学案例中的典型人物或者老套，缺乏时代性和新鲜感，或者类型单一，不能充分反映现代社会的分工和分化，这些都减弱了教学案例的吸引力。同时，在呈现案例时，不少教师往往采取单一文字型口述的方式。这种方式的效果往往取决于教师的语言表达能力。对于部分语言表达能力相对欠缺的教师而言，教学效果就会大打折扣。

三是案例使用过多。在实际教学中，单纯进行思政理论讲授固然显得枯燥，但案例使用太多，不但会冲淡主要教学内容，甚至会影响教学内容的完整性和系统性。

上述问题提醒我们，高校思政理论课案例教学改革才刚刚开始，急需在总结以往成功经验的基础上，针对存在的问题，加大攻关力度，力争短时期内使该项教学改革取得新的更大成效。

（三）探索实践教学的形式

理论联系实际是中国共产党的优良传统和作风之一，也是马克思主义的认识论和辩证法的直接体现，在长期的社会主义教育实践过程中，党和国家始终自觉贯彻和实施这一方法。早在中华人民共和国成立之初，中国共产党就明确提出党的教育方针即教育与生产劳动、社会实践相结合。广泛开展社会实践活动，实践证明这是一种非常有效的育人形式，党和国家一直高度重视这项工作。

2004 年 10 月，《关于进一步加强和改进大学生思想政治教育的意见》[①] 等文件的出台，要求加强实践环节，把社会实践作为加强和改进大学生思政教育的重要途径。所以，在重视改进课堂教学的同时，高校思政理论课必须加强社会实践环节，探索科学有效的实践教学形式和制度。全国不少高校在加强和改进大学生社会实践方面进行了艰苦而富有成效的探索，其中北京科技大学的做法尤为引人注目。

2005 年，北京科技大学下发了《关于进一步加强和改进思想政治理论课的实施方案》和《关于将大学生暑期社会实践列入教学计划的通知》，首次把暑期社会实践列为本科生的必修课，规定在思政理论课程设置中，实践教学占比为 1/4。规定"大学生社会实践"课程要以实践为主、教学为辅，为期两周以上的社会实践活动安排在大一、大二暑假，考核成绩计入学分。由此可见，北京科技大学的暑期社会实践活动已经变为一门课程，并形成了一套教学、组织管理与考核体系，开创了实践育人的"北科大模式"。

探讨高校思政理论课实践教学问题，需要加强对高校思政理论实践课程的研究，从教育学意义上探讨该课程的地位、性质和作用。高校思政理论课实践教学，

---

① 　中共中央国务院发出《关于进一步加强和改进大学生思想政治教育的意见》[J]. 中国高等教育,2004(20)：5-7.

不仅仅是国家意识形态的教育，更服务于社会主义现代化建设。如何更好地实施高校思政理论课实践教学，既实现与思政理论课程相辅相成，又保持两者在课程设置体系中的各自独立，这是一个崭新的课题。可以说，北京科技大学对大学生社会实践课程作出了有益尝试，我们期待其思政理论实践课程研究有更多新的突破。

在加强思政理论课实践教学问题上，各高校一方面需要积极响应党和政府号召，提高对实践教学必要性、重要性和迫切性的认识，主动实施实践教学；另一方面也应当从本校实际出发，量力而行，务求实效，可以借鉴北京科技大学的一些做法。该校除了开展引起社会关注的大学生社会实践课之外，还进行了管理者课堂实践教学和校园实践教学，第一个以课堂教学为主导，后两者以社团活动为依托，这三种实践教学形式共同组成思政理论课的"三合一"的实践教学模式。高校的管理者、思政理论课教研部以及思政理论课教师可以根据实际情况，自主决定实施哪个层次的实践教学。

（四）实施网络思政理论教育

与中学阶段生活化的教学内容相比，一方面，大学阶段的思政理论课教学内容往往充满了理论性和学术性，学生在学习中容易产生枯燥乏味之感；另一方面，由于各方严控，中学生的网络学习和网络生活是有限的，而中学生进入大学，在网络问题上，各方由严控转为鼓励和引导，网络生活网络学习扑面而来。借助网络实施教学已成为高校思政理论课生存和发展之道。在网络平台上，思政理论课教师可以设计和开发各种有趣的辅助教学资源，如"案例解读""视频材料""图片资料""教学课件"等板块，各门课程还可以再设计一些贴近本科实际的特色版块，如"纲要"课可以增加"史海钩沉""老照片"等。还可以设计和开发网络互动版块，使师生之间、生生之间以网络为媒介，围绕教学和研究展开双向互动。有条件的学校还可以增设"网络测试"环节，实现对学生的网上考核。教师通过这些线上教育方式，既丰富了教学手段和方法，又拓展了大学生的视野，提升了他们参与教学、主动学习的积极性。当然，无论网络如何渗透教学，都不能冲击课堂教学的主体地位。

第三章 多角度的高校思政课程实践创新

本章为多角度的高校思政课程实践创新，依次介绍了文化传承视野下的高校思政课程、基于网络背景下的高校思政课程、基于 VR 技术下的高校思政课程三个方面的内容。

第一节 文化传承视野下的高校思政课程

一、"红色文化"视野下的高校思政课程

（一）"红色文化"的育人属性

"红色文化"是一种带有革命历史印记的文化资源，具体包括中国共产党领导下广大人民在革命斗争中形成的宝贵文化，包括实物遗迹和精神品质等方面，是一种特殊的文化存在形式。通过学习"红色文化"，我们可以了解中国共产党在不同历史阶段的奋斗历程，感受到中华儿女为争取民族独立和国家富强所做出的不懈努力。以河北省为例，其拥有丰富多样的红色资源和文化遗产，如西柏坡精神、塞罕坝精神等，这些珍贵的"红色文化"是思想政治理论课和实践教育的生动教材。

地方红色资源具有天然的育人价值，可以带来生动而深刻的政治教育体验。针对高校学生来说，这种教育和体验可以产生更深远的影响和启迪。一些学者认为，"红色文化"多样而富有感染力，能够与时代同步，其教育价值也是永恒的。有学者指出，红色资源在引导人的理想信念、磨炼党性、塑造人格等多个方面具有育人价值。由于其特殊属性，红色资源在思政理论与实践教育中扮演着重要的角色。

（二）在思政课程中红色文化的作用

1. 有利于学生社会主义核心价值观的培养

"红色文化"和社会主义核心价值观拥有差不多的追求，两者的追求都是为了实现中华民族的伟大复兴。此外，马克思主义和中华优秀传统文化都是二者的共同思想基础，这让它们拥有了一样的思想基石。革命人物和故事被当作教育资源，生动直观地展示和讲解，让学生感受到"红色文化"中蕴含的强大精神力量，能够推动高校大学生对个人、社会和国家不同层面的价值追求进行更深层次的思考，从而培养高校大学生的社会主义核心价值观。

2. 有利于培养学生的民族自豪感

"红色文化"是我们探究红色历史的工具，应当充分利用其作为"利剑"的优势，服务于思政教育，在追溯党的光辉历程中总结历史经验，把握历史的红色脉络。"红色文化"也是一种生动的党史学习教材，应当将红色主题教育与党史学习、思政实践有机结合，让学生通过"红色文化"了解革命历史、感受红色征程，激发他们的爱国热情，培养他们的民族自尊心和自豪感。

3. 有利于坚定学生的理想信念

"红色文化"是社会主义文化建设体系中不可或缺、是分红重要的一部分，具有非常丰富的文化内涵。通过"红色文化"，让人们能够了解革命先烈们那份光荣且壮烈的历史，受到其精神信仰的启发和感染；同时，我们也能够深入了解中国共产党的成长和发展历程，将政治认同、革命认知、价值诉求以及文化素养等方面的内容融合在一起，为人们的精神生活提供指导和引领。

4. 有利于学生树立文化自信

习近平总书记曾经很多次在各种场合对增强文化自信进行强调。除了继承和弘扬中国优秀传统文化，我们还必须坚定"红色文化"自信。"红色文化"内涵了坚定的理想信念以及丰富的民族精神，这些品质在革命的征途中为我们指明了正确的方向，也使得中国特色社会主义文化在不断探索中得以形成。将"红色文化"融入高校大学生的思想政治教育，能够引导他们深刻领会中国共产党和中国人民在革命征途中的艰辛历程，领悟其中的价值内涵，从而增强文化自信。

（三）"红色文化"应用于思政课堂的路径

1. 将"红色文化"融进思政教育理论课堂

我们如果想要实现"红色文化"与思政理论与实践教育两者相融合，需要将"红色文化"纳入思想政治理论课堂中，引导高校学生正确认识红色资源，通过思政理论课了解和感悟"红色文化"。目前，思想政治理论课是高校学生必修的课程，旨在引导学生树立正确的价值观。引入"红色文化"素材能够丰富思想政治理论教育内容，提升课堂的亲和力和亲切感。通过"红色文化"的引导，让学生产生情感共鸣，增强他们对"红色文化"的认同感，并将"红色文化"内化为思政教育的一部分。为了将"红色文化"与思想政治理论教育融合，需要采用多种形式，而不是仅仅采用传统的说教方式。例如，可以通过播放红色影视视频、组织红色教育主题探讨等形式，深入挖掘和传承"红色文化"，提高思政教育的感染力和吸引力。在利用"红色文化"时，应遵循"精心选择、服务于教学"的原则，巧妙地将"红色文化"与思政理论课堂相结合。例如，在思政理论课堂上，教师可以引入西柏坡精神、塞罕坝事迹等相关案例，通过讲述感人的红色故事、梳理回顾革命历史征程、组织校外实地考察和校内多元宣讲等多种方式，打造全方位的西柏坡精神、塞罕坝红色资源育人新模式。

2. 加强"建设红色文化"教育基地

"红色文化"是一种珍贵的文化遗产，红色资源的呈现形式可以是历史人物的事迹、革命场所的遗迹、纪念品等。这些红色资源是中华民族优秀传统文化的重要组成部分，具有重要的政治教育和人文熏陶作用。因此，我们需要妥善保护已有的革命遗址、文物陈列馆等教育基地，保持其完整性和历史真实性，让更多的人能够了解、感悟、传承"红色文化"，从中汲取奋斗的力量和民族精神的滋养。为了实现"红色文化"和思政理论教育的融合，需要对红色资源进行审慎选择和整合，构建科学合理的教育体系，为高校思政教育课程建设提供物质条件。通过借助革命年代的红色革命文化资源，用先烈的奋斗精神来激励大学生珍惜时间，产生不断学习的意识，同时激励大学生因地制宜，将本地的特色红色资源进行开发和建设，成为当地的"红色文化"教育基地。通过这样的方式，让红色资源真正地发挥资政育人的作用，引导高校学生正确认识红色文化的价值，增强其爱国情怀和文化自信。

3.创新教学方法

为了加强高校思政教育，教师需要在专业课堂中注重培养学生的人文素养，将红色文化与专业知识融合，激发学生的审美能力和道德情操。在备课时，教师应主动挖掘与专业相关的红色文化资源或学科发展史，以此丰富教学内容，同时要注重从学生的角度出发，设计生动活泼的教学方式。此外，也应改进思想政治理论课的教学方法，让"两课"相互渗透，提升教育效果。教师应该积极探索创新教学方式，摒弃单一的灌输式教育，更加注重发挥学生的主体作用。教师可以扮演牵引和引导的角色，鼓励学生积极参与，通过团队协作、自主探索等方式深入学习"红色文化"。同时，多媒体教学工具也应得到更广泛的应用，利用图片、视频等多种形式让课堂内容更加生动形象，提高学生的学习兴趣和参与度。

4.打造全方位的课程思政教育格局

为了提高高校学生的综合素质，需要构建一个全面、立体化的课程思政教育体系，将思政理论与实践教育、学科教学和红色文化有机结合在一起。在专业课程的教学设计中，应该将红色文化所蕴含的思想价值视为一个重要的参考，融合到教学内容中，让学生在学习专业知识的同时也能接受红色文化的熏陶，树立正确的价值观和信仰，培养艰苦奋斗、求真务实、团结协作等核心素养，进一步增强文化自信。

比如在哲学社会科学课程中，可以引导学生探讨"红色文化"在当代社会中的时代价值；在人文艺术课程中，可以让学生挖掘"红色文化"所蕴含的爱国主义精神；在自然科学课程中，可以激发大学生的创新热情，让他们了解"红色文化"对于现代科技发展的重要意义。以西柏坡红色文化为例，我们可以将西柏坡的艰苦奋斗精神与当代高校学生创新创业所需的精神相结合，让西柏坡精神与大学生的创新创业教育形成协同效应，激发学生的创新创业热情，优化他们的创业发展路径。

5.加强高校的组织领导

作为高等教育机构，高校必须将"红色文化"贯穿思政教育教学的全过程中，以实现政府教育决策的落实。为此，高校应该高度重视将"红色文化"融入课堂实践教学的思想意识，加强组织领导，建立由校党支部为核心领导，各学院党、团负责人，各专业学生代表参与的领导小组，对本校的红色教育思想理念制订科学的实施方案，全方位监督思政教育课教学过程，主要监督的是"红色文化"融入实践教学的运行状况，这样就可以发挥其在课堂教学中的育人功能，与此同时为其提供必要的保障。建立专门的研究机构，负责编写"红色文化"教材，并对现有的思想政治课程进行扩充，加强"红色文化"的内容比重。在教学中，可以采用直观的方式展示历史事件，例如，在编写近现代史教材时，应详细描述具有红色精神的土地革命等事件，以体现"红色文化"的教育理念。在编写思想政治课教材时，应着重凸显革命先烈的精神，概括他们为国为民的崇高精神。

6. 发挥互联网的优势

以网络为载体，唱响红色主旋律。高校可以开设专门的红色文化网站，整理和发布重要的历史事件、人物、理论观点和著作等内容，通过图文和音视频等形式呈现，为学生提供学习"红色文化"的平台，宣扬和弘扬"红色文化"精神。利用互联网的传播速度快、覆盖面广、资源共享等优势，扩大"红色文化"思政教育的覆盖面。例如，可以以塞罕坝精神为主题，在网站上推出高校塞罕坝精神学习专题，让"红色文化"在网络上占据主要位置，引导高校学生积极参与。通过专题研究项目和专题讲座等形式，让学生自觉地接受"红色文化"教育。

7. 建设和完善教师队伍

高校思政教育的效果与否，主要取决于教育者的水平。因此，高校应该高度重视思政教师队伍的建设，采取高标准、严要求的考核机制，确保道德素质高、精神面貌良好的人员进入思政教育队伍，并在课堂教学中充分展示他们所具备的优秀素质，引领和培养学生积极向上、努力奋发的学习态度。用提高思政教育者的福利待遇来激励其热情，让他们更加关注"红色文化"，提升自身的创新精神，提高教学水平；同时，加强思政教育者的培训管理，创造条件让他们积极参加各种学术交流活动，拓宽视野，紧跟学术前沿，掌握最新信息，并将其应用到实践教学中。这样做可以提高思政教育者的社会地位，从而加强他们对"红色文化"的研究和理解，进一步提升思政教育的质量和水平。

作为"红色文化"的传承者和推广者，思政教育者应当在课堂上充分发挥自身的引领作用，不仅要考虑如何生动有趣地呈现历史发展进程，还要深入挖掘"红色文化"的内涵，并通过不断探索丰富教学方法，确保课堂教学的有效性。在这一过程中，思政教育者不仅能够提高自身的道德素质，还能够提升其科研能力，从而更好地服务学生和社会。此外，高校还应该为思政教育者提供必要的培训和管理支持，以保证他们能够不断提升自身的教学水平和专业素养。

二、传统文化视野下的高校思政课程

（一）传统文化所具有的价值

1. 蕴含传统美德的人格修养

中华传统文化的核心之一是儒家文化，其核心价值在于伦理道德。因此，可以说中华传统文化是传统美德的集中体现。孔子认为，在进行知识学习之前，必须先修养个人品格；《资治通鉴》①中，司马光也曾论述衡量一个人要以德行为本。在当今社会，实现个人的全面发展和进步离不开人格修养的完善，这也包括学习和传承中华民族传统美德。在高校的育人工作中，根本目标是通过"立德树人"来培养拥有高道德素养的大学生，这与中华传统文化所强调的完善人格修养相契合，对推动个人发展和社会进步发挥着积极的作用。

2. 以爱国主义为核心的民族精神

中华民族精神是中国传统文化中一直贯穿的主题，包括爱好和平、团结统一等。爱国主义精神是传统文化的核心之一，它在现代思想政治教育中具有至关重要的作用。通过多种艺术形式让学生了解传统文化的内涵，可以增强文化意识和使命感，同时也有助于培养学生独特且深厚的民族情感。

思想政治教育的实践活动形式多种多样，比如学习古代文学如唐诗宋词或是感受民间艺术形式如民歌和曲艺等。这些实践活动不仅能够帮助学生提升民族意识、深化爱国主义教育，也是培养当代高校大学生的重要途径。爱国主义作为中华民族精神的核心，与中华传统文化的爱国精神相一脉相承，具有独特的时代特

---

① （北宋）司马光.资治通鉴[M].北京：团结出版社，2018.

征。高校大学生社会实践活动和中华优秀传统文化教育工作的开展，有助于增强大学生的责任意识和爱国精神，这在古代就有许多文人志士进行了充分的歌颂。

3. 自强不息的理想信念

天行健，君子以自强不息。古往今来，中华民族一直崇尚的理想信念和道德传统就是自强不息。坚韧不拔、敢于拼搏是做人的必要素质。孟子和孔子也曾积极倡导此类精神，认为"发愤忘食，乐以忘忧，不知老之将至云尔"。[①]实现中华民族伟大复兴的"中国梦"是我们的最终理想，这需要全国各族人民不懈奋斗，顽强拼搏才能实现。中华优秀传统文化所代表的自强不息的崇高理想信念，体现了我国人民自古以来的奋斗精神。这对于激励当代人民奋斗，拥有非常重要的作用。

（二）传统文化与思政课程融合的必要性

1. 有益于传承优秀传统文化

任何一个主权国家都必须高度重视文化传承，这是十分重要的。作为高素质、高文化底蕴的高校大学生，他们有责任和能力承担中华优秀传统文化传承的重要使命。高校应该将中华优秀传统文化教育作为思想政治教育的一个重要方面，激励更多的优秀高校大学生积极参与其中，以便充分发挥中华优良传统的教育作用，让其发扬光大。

传统文化是国家的灵魂，是中华民族千百年来的根基。而且应该认识到，高校大学生是国家未来的希望和重要力量，他们应该积极探索和学习传统文化，通过传承和弘扬中华传统文化，进一步提高个人能力和社会发展水平。即使在和平年代，我们也应该树立起保家卫国的意识，培养爱国精神，让高校大学生知道，我们的先辈曾经为了国家和民族利益英勇牺牲，爱国情感需要代代相传。

2. 有益于丰富思政课程的内容

中华优秀传统文化是几千年来中国人在生活过程中积攒的智慧结晶。在高校开设思政课程时，应该将不同形式的哲学思想和观点融入其中，这将有助于丰富教育资源、提升高校大学生的思想政治水平。此外，我们可以在社会生活、现代

---

① 周文炯.《论语》名句 [M]. 成都：天地出版社，2009.

文化以及个人建设等方面充分应用传统文化，发挥它们最大的价值和作用。因此，各个高校应该将传统文化教育和思想政治教育充分融合，以达到更好的教育效果。

从现实中总结经验可以得出，高校大学生思政课程意义重大。中华传统文化是一个博大精深的体系，在漫长的历史进程中形成了独特的价值观和精神面貌。通过学习中华传统文化，能够帮助更多的大学生深入感知这些文化，培养辨别是非的能力，而不是盲目地崇拜或抨击"古圣先贤"等思想主义。如果能够在思政课程中有效融入中华传统文化的丰富内涵和精神，对于中华传统文化道德体系的弘扬和推广，以及思想政治教育的提升，都将产生重大的推动作用。

在高校大学生的思想政治教育中，向他们传授中华传统文化知识，不仅有助于他们形成正确的个人价值观，还可以更深刻地理解一些优秀的思想理念，实践仁爱、守信、正义等价值观念，同时也有利于塑造立德树人的价值理念。因此，高校应该采取合理而有效的措施，将中华传统文化融入思想政治教育中，以充实教育内容，并使之发挥最大的教育价值。

3.有益于培养大学生的自信和自豪感

爱国主义是对祖国灿烂文化和美丽山河的热爱和珍视。中国拥有几千年的历史，而它能够发展至今的一个重要原因就是民族的凝聚力。这种凝聚力激发了人们在不同的时代勇于拼搏、勇于斗争的力量，并始终作为一种精神支柱深藏于人们内心。这种凝聚力离不开强烈的民族自豪感。

（三）以传统茶文化为例探究其中思政元素

中国是茶文化的源头地，神农时代汉人就有饮茶的习惯，距今已有4700多年的历史。汉代王褒所写《僮约》中提及"武阳买茶"，法门寺出土的唐代茶具等资料可以证明汉唐时代茶已经走入了中国人的生活。茶文化作为中国传统文化中独具特色的一种亚文化形态，以其积极、健康、环保、包容、智慧、博爱的姿态，几千年来一直得到大众的认同和传承。茶文化历久弥新，古人广为爱茶，虽然今天各种饮料、饮品占据着市场，但是依然有很多人特别是很多年轻人对茶情有独钟。大家热爱的除了茶本身的养生功能，还有茶背后蕴含的文化内涵。

1. 茶文化中的中国精神

中国精神是对以爱国主义为核心的民族精神和以改革创新为核心的时代精神的融合。这种精神是中华民族的优良传统，国人自古崇尚丰富的精神世界，例如，"一箪食，一瓢饮，在陋巷，人不堪其忧，回也不改其乐。"[①]"道德当身，故不以物感。"[②]茶文化中也蕴含这样的内容，饮茶可以内省、审己，清醒思考自己的所作所为。

中华文化提倡天人合一、尊重自然、人与自然和谐发展。茶取自自然界，不破坏自然，饮茶品茗本身就是养生静心的行为，而不是以过度向自然索取或是过度开发自然或者过度狩猎珍稀动物，来换取所谓的高级的"养生品"。中国精神还体现在改革创新上，这是锐意进取的时代精神的体现。中国的茶，既传承古老，又在现如今有所创新和发展。中国种茶、制茶产业历史悠久。在几千年历史的茶文化中，茶产业一直以第一产业的形象出现，主要属于农业或者种植业领域，炒制茶叶一般以手工作坊的形式出现，属于手工业也就是第二产业的雏形。随着现代科技和工业的发展，茶饮料、抹茶食品、速溶茶茶品这些过去几千年茶叶制造史上未曾出现的创新型产品相继问世，加上高端茶馆、茶旅游的兴起，中国的茶产业也由第一产业向第二、三产业延伸扩展。以改革创新为核心的时代精神体现在中国茶产业的发展历程中。中国茶以各种现代而又时尚的姿态出现在新时代，成为改革创新的中国精神的缩影。

2. 茶文化中蕴含的"和"的精神

在茶文化中，无论茶叶的烹炒制作还是茶叶的冲泡，茶汤的口感、色泽，都讲究温度、火候，过犹不及。同时，茶文化还讲求与情势之和。在琴台书房里，茶是雅致的；在花前月下，茶是浓烈的；在青灯古刹里，茶是苦寂的；在结婚典礼上，茶是对父母的感恩和孝敬；在人际关系中，茶是君子之交的体现……这种场合、分寸的把握，也是"和"文化的体现。

3. 茶文化中蕴含的生态哲学思想

茶文化本身崇尚尊重自然，茶树自然生长、茶叶自然炒制，品茶品味的是茶汤中的"天人合一"的自然意蕴。在茶文化中，对茶具的命名上也体现了生态思

---

① 李志敏. 论语 国学精粹珍藏版 卷2[M]. 北京：民主与建设出版社，2015.
② 伍春福. 廉言警语解读[M]. 北京：知识出版社，2003.

想。饮茶之人习惯将有托盘的盖杯称为"三才杯"。杯托为"地",杯盖为"天",杯子为"人"。意味"天大、地大、人亦大"[①],天、地、人和谐共生,生态、人态、心态三态和谐,天性、地性、人性一切皆自然。小小一杯茶,在其文化内涵上,被人们寄托和赋予了天、地、人,人与生态,人与自然和谐相处,共融、共促、共生的生态哲学思想。

第二节　基于网络背景下的高校思政课程

一、立足于慕课的高校思政课程

（一）在思政课教学中慕课的作用

慕课和传统教学方式各有所长,中国慕课近年来发展迅速。思政慕课在解决师生比例、大班授课等长期困扰传统高等院校思政课教学的"难题"方面发挥了独特的作用。

1. 弥补了传统课堂教学的不足

大部分普通高等院校传统的思政课教学采用大班教学授课的方式,将四到六个教学班合并在一起,一两百甚至更多的学生一起上课。这种教学通常在大型阶梯教室中进行,教师站在讲台上讲课,而上百名学生则坐在教室里听课。由于人数众多,教师需要借助扬声器将声音传播到每位学生的耳朵中。但是坐在后排或边上的学生则可能会比较难以看到大屏幕上的课件或教师的板书,如果大教室侧面没有屏幕,单靠看教室前方黑板旁边的大屏幕往往看不清楚。这种需要借助扩音设备才能听清老师讲课,同时难以看清黑板和大屏幕的教学方式,使得师生之间的距离增大,让学生产生了思政课好像"遥不可及"的感觉。

慕课则可以很好地解决这一教学形式的问题。还是以一个年级至少一两千学生为例,一门思政课通常配有至少四名思政课教师。一个不争的事实是,一个老师同时管理几十个学生的教学效果,远比同时管理一两百甚至更多学生的效果好。

---

① 贾春涛. 无为管理的道与术 [M]. 北京:中国财富出版社,2014.

如果采取小班面授与慕课相结合的方式，由一部分学生接受思政课教师面对面在小教室里面授课，由于师生配比更科学，一位老师可以应对几十名学生的课堂反应，同时顺利进行交流和提问环节，还能够成功地组织思政课的角色扮演、问题研讨和翻转课堂等活动。另外，一部分学生可以选择在机房或宿舍通过在线慕课同步直播的形式远程学习。他们可以通过屏幕清晰地看到老师的讲课动作和表情，并采用创新的互动方式，例如学生可以使用"弹幕"方式提问，老师或其他学生可以实时回答。为了增加趣味性，课程中还可以设置小的"关卡"，如在课程中加入小题目或点击积分框等，以及在每节课结束时进行积分抽奖等活动。并且为了调动学生的积极性，还可以设置一些参与度排名榜之类。传统思政课教学中存在的种种不足可以通过"融媒体＋慕课"的方式得以改善。慕课能够轻松实现课程讲解、互动、交流、反馈和答疑等环节，从而弥补传统课堂教学的不足。

2. 解决了思政教育公平问题

对于大多数学生而言，要接触到一节"985"或"211"名校的传统思政课并非易事。除非他们去旁听，否则就必须在该名校拥有学籍，而这对于许多中国大学生来说遥不可及。但是，如果一个学生想要听一节"985"或"211"名校的思政慕课，则非常容易，只需要支付极其低廉或零成本的学习费用即可。这极大地打破了教育资源的壁垒，更有利于缩小地区之间的教育差距，实现教育的公平。毕竟思政课关系着培养什么人的问题，全国范围内各级、各类大学生都应该接受优质的思政教育，补精神之"钙"，为成为担当民族复兴大任的时代新人提供思想基础。

3. 实现了思政课过程考核

课程考核，它可以说是一门课程当中非常重要的环节之一，同时也反馈了这门课程当中的"教"与"学"状况。课程考核可以加强学生对一门课的重视程度，备考的过程也是对一个学科的知识进行集中梳理的过程。当前的思政课改革倡导注重学习过程，实现从教材体系向教学体系的转变。慕课可以记录学生学习过程中的每个环节，如登录出勤情况、参与哪些互动环节、提交作业和测验的次数等，从而更科学地进行平时成绩的考核，比传统的课堂点名和抽查更为客观。点名只是点到学生出勤与否，而慕课的过程痕迹化管理不仅使教师了解学生有没有在线出勤，而且了解到其整个学习环节。在慕课系统中去提交课后作业以及测试，这样既方便又快捷，还能基于系统进行自动批阅或者录入学生的日常考试分数，从而实现真正的客观、公平、公正。而且批阅后的作业可以很迅速地反馈给学生，不像传统思政课期末交了作业师生基本就不再见面，并且避免了一个教师一学期教几百人，作业也很难返回到学生手中的局面，毕竟思政课理论传授和育人才是最终目的，在这个过程中作业的订正其实是至关重要的。

这种过程考核的方式会使学生更加注重学习思政课的整个过程，而不仅仅是期末考试这个最终结果，注重过程才会沉浸其中，沉浸其中才有可能真心喜爱、终身受益乃至毕生难忘。

（二）慕课对思政课提出的要求

1. 慕课对思政课程提出了新要求

用慕课教学方式改变了传统的课堂授课模式，例如教师授课，学生只负责听讲的模式，慕课教学让学生可以随时随地借助科技媒介学习思政课。如果学生本身对思政课感兴趣，慕课的创新手段可以使思政课更生动有趣，加强学生的学习体验，让思政课在讲授过程中可以与媒体融合，更加生动形象、易于理解，可谓是锦上添花。但是假如是学生自己本来就对思政课没有兴趣并不想学习，仅仅是在老师的督促之下或者说是压力之下，被动地去学习，这样通过慕课的上课教学就可能会让学生逃课有了机会或者更加方便，也就是说学生们就可以在打开慕课界面的同时去做他们想做的其他事情。

因此，要实现慕课教学的有效性，需要提高思政课的吸引力和学习体验，让学生认同并乐于参加思政课，这样才能保证他们在屏幕前积极地参与学习。这需要思政课本身的更新升级，包括更贴近学生的实际情况，更具时代感，以及更精湛的教学工艺和包装。使学生自主自愿坐在电脑前参与思政慕课的学习，这就对思政课的吸引力提出了更高的要求。

2. 慕课对思政教师提出了新要求

随着教育领域的发展和技术的普及，传统思政课的教学方式正在面临改变。传统课堂已经不再是唯一的教学场所，慕课等在线教育形式的兴起正在改变传统课堂的格局。这种转变需要思政课教师积极适应新的教学方式和技术，同时也需要调整其在教学过程中的角色和职责，以适应新时代的教学需求和挑战。

教师在传统课堂中已经掌握了讲好思政课的技能，但是随着融媒体慕课的兴起，教师需要学会使用新的技术手段，例如在线回答学生问题、发布测验、上传课件和视频、组织小组作业等等。这不仅需要教师具备在镜头前自如讲课的能力和熟练掌握慕课软件的能力，还需要熟练掌握一些辅助软件如抖音、视频剪辑软件等的使用方法。这对于一些年轻的教师来说并不是太难，但对于一些不擅长使用新媒体的老师来说，确实是一个挑战。

另外，思政课教师需要处理好线上和线下教学之间的关系。尽管慕课教学可以在很大程度上弥补传统思政课堂教学的不足，但我们必须始终铭记思政课的育人属性，避免沉迷各种技术和媒介，而忽视了教学内容和思政课本身的育人属性。即使有再多的高科技手段和精彩的视频，也不能代替对理论知识的准确、深入的讲解。出色的教学能力、恰当的教风和教态，以及扎实的理论教学基本功，一直是思政课教师立足的基础。在此基础上，实现传统课堂与慕课、线下教学与线上教学的互补。

3. 慕课对学生提出了新要求

普通高等院校的思政理论课通常在大一、大二等低年级开设，这些学生刚从高中校门里走出来，很多人仍然沿袭中小学老师盯着学、看着背、反复督促的应试教育模式。因此，很多学生并没有对学习思政课产生真正的兴趣，只是被迫考试和获得学分。如果在普通高等院校中实施慕课教学，就需要学生具备较强的自主学习能力，至少需要按时登录并观看完课程的自觉性，并完成课后作业、讨论等环节。这对于国内相当一部分普通高等院校大学生来说，并不是一件容易的事情。他们可能一开始出于好奇可以按时完成课程，但是坚持一学期自主观看、自主完成作业就需要一定的定力或者辅助手段。

（三）慕课在思政课教学中的问题

1. 出现"马太效应"

过去，普通高等院校的学生上思政课的方式是按照学校的要求，统一安排公共必修课程。由于缺乏对比和选择的机会，学生通常只是按部就班地完成一学期的思政课程。每周固定时间去固定教室见固定的老师，完成课业。引入思政慕课后，学生可以用电脑等各种互联网设备进行慕课的观看，并通过这种学习模式完成教师布置的课后作业，或者在课堂上完成与教师的互动。这几年来，信息技术飞速发展，网络上出现了各种各样、成千上万的资源，大数据以我们想象不到的方式，又自然而然地作用于每一个"触网"的人。现今，各个普通高等院校的思政课程都有知名普通高等院校制作的在线思政慕课，比如清华大学提供的思政慕课内容就涵盖了整个课程。学生在观看本校的思政慕课的同时，大数据会根据他们的兴趣和需求，在电脑上向他们推送来自全国各个知名普通高等院校的马克思主义理论或者哲学社会科学方面的相关慕课。如学生在电脑前观看本校的一节"思想道德与法治"课的慕课，互联网或者移动互联网就会马上推送过来全国的大学主讲这门课的名师课程。慕课环境下学生可以打破学校学籍的界限，实行全网环境自由对比选择，毕竟我们不可能也不应该阻止学生选择对他们有帮助的课程。这就会形成"马太效应"，名校的思政慕课会越来越受欢迎，而普通高等院校的思政教师将原本的课堂教学延伸至线上制作，或者直播的慕课就可能不被学生青睐。

2.慕课需要新教材

思政慕课虽然形式标新，操作起来令学生喜欢，符合年轻人的阅读、观看习惯，在极大程度上体现了时代性的特征，但究其本质仍然是思政课而非某个娱乐节目。因此，形式可以大胆创新，但是思政课的育人功能不能改变，必须结合思政课课程改革和教材改革的趋势，做好新教材进入思政慕课课堂，继而做学生头脑的工作，而不能让学生热热闹闹看了慕课之后，头脑中并没有接受习近平新时代中国特色社会主义思想的武装和洗礼。如何做到新颖有趣、有技术含量，而又使政治教育效果满满，是思政慕课需要解决的问题

3."言传"与"身教"结合不紧密

思政慕课尽管弥补了传统思政课师生比、情感疏离等各方面的缺点，具有一定的优势，但是存在一个明显的短板，就是由于师生通常是不见面的，尚未解决思政课教师思想教育与言行育人的"身教"问题。若是学生看不见老师，就不

太可能接受来自老师本身的"行为示范"感化，以上可以说是一个不足。一位优秀的思政课老师不仅需要讲授理论知识，还要以自己的言行示范正确的"三观"，并注重对每个学生的个性化关注，启迪和引导他们的心理、情感和思想。这种教师的"人格魅力"，包括其格局、大爱、包容、宽厚、勤勉和学识，与其传授的知识和理论同等重要，可以在学生的人格养成过程中起到育人的效果。

（四）慕课应用在思政课教学中的策略

1. 发挥公共图书馆的功能和作用

思政慕课是一种有益的"互联网＋思政课"探索。什么是"互联网＋"呢？简单来说，就是将互联网和传统行业或事物有机地结合起来。思政慕课就是在融媒体互联网时代，与主阵地、主旋律的思政课相结合，实现了加速发展、破旧创新的目标。在融媒体时代，每个人都有终端，无处不可以上网，随时都能连接，任何物品都能传播。图书馆在这个时代扮演着信息源的角色，应该将其馆藏资源与思政慕课相结合，将人类智慧结晶的馆藏资源应用于思政慕课中。

举例来说，可以将传统文化诸子百家的馆藏资料应用于思政慕课中强调中华民族传统美德的部分；或者将抗日战争和解放战争的馆藏资料用于思政慕课中宣扬中国革命道德的部分。此外，还可以在思政慕课的在线资料、在线课程或者在线课堂中添加图书馆或者电子图书馆的相关资料链接。在这些措施中，普通高等院校图书馆在思政慕课中发挥的作用是采用精英教育模式，主要针对普通高等院校学生的思政课教育；而社会公共图书馆则在思政慕课中采用大众教育模式，主要针对社会公众或全民思政教育。另外，图书馆可以搭建起思政慕课的在线检索平台。

现如今，我国已有 1.25 万门慕课上线，超过 2 亿人次参加学习。为了帮助学生或想要学习思政慕课的人在众多的慕课中找到最适合自己的课程，需要图书馆建立一个方便易用的检索平台，发挥它在支持大众终身学习和思政教育方面的作用。

由于融媒体的不断发展，数字化阅读现在已经成了广大公众特别是年轻人最常用的阅读方式，碎片化阅读也已经成了很多人的习惯。因此，图书馆提供的慕课检索平台也应该顺应这种阅读和检索习惯，毕竟只有方便易用、易于检索，才能让更多人参与思政慕课学习。

2.创建特色鲜明的思政慕课

近年来，慕课在高等教育领域掀起一股热潮，因其便捷性和促进教育公平的作用，未来相当长的时间内，人们相信，慕课将继续受到关注，或者说将在将来很久的时间里都将受到关注。然而，我们不能过于依赖技术手段来代替传统教学，慕课作为一种手段，可以帮助思政课更加生动、形象地呈现，但并不能完全取代思政教师对学生的面对面指导。因此，我们需要探索如何发挥思政慕课的作用，打造其独特的特色，避免盲目跟风。

第一，思政慕课是一种有益的时代尝试，但它并不能完全替代传统思政课堂教学，因为传统思政课不仅仅是传授理论知识，还具有培养学生思想素质的育人属性，这也是与其他专业课程和公共课程最大的区别。因此，我们需要将思政传统教学与思政慕课结合起来，实现优势互补，以更好地履行大学生思想教育的使命。说到思政教育的效果，必须提到面对面交流的重要性。虽然技术手段的优势明显，但是传统课堂的价值也是不可替代的，因为它一直是我们高等教育中不可或缺的一部分。因此，我们需要辩证地看待思政传统教学和思政慕课的不同之处，使它们互相补充，针对每所院校的情况，共同承担大学生思想教育的重任。

第二，通过应用翻转课堂理论，可以改善思政慕课的教学效果，实现"思政慕课＋翻转课堂"教学模式。传统的课堂教学方式是"先教后学"，即教师在课堂上讲授，学生在课后完成作业。而翻转课堂则是采用"先学后教"的方法，让学生在课堂外独立学习并提出问题，然后在课堂上与老师和同学们共同探讨问题并寻找解决方案。对于思政慕课的教学，可以借鉴翻转课堂的理论。例如，在一所普通高等院校中，学生可以通过思政慕课完成一门思政课的学习。学生需要每周在线观看思政慕课并完成相关的在线学习任务。在期中、期末或每月固定的时间，学校的思政课教师可以采取面对面的教学方式，解决学生在思政慕课学习中遇到的问题。这个过程不仅仅是简单的答疑解惑，还包括相关理论和问题的研讨，这种教学形式类似于翻转课堂。以上既充分利用了思政慕课本身的技术优势，解决了师生配比不足的难点，又弥补了师生缺乏面对面互动的不足。

3. 建设与完善慕课教学平台

第一，加强顶层设计，打造覆盖全国高校的慕课平台。慕课平台建设是一个综合的、系统性的工程，网络教学传输和交互系统、网络教学资源系统等要素均包含在内，并且它的打造与构建需要资金、技术、人才等多种要素进行支持。所以，首先，高校必须加强对慕课的顶层设计，注重慕课平台的开发和建设，并积极投入人力、物力和财力进行物质支持。其次，慕课建设具有开放性，不能仅局限于少数学校开发。国家应该积极推动各级别的学校自由进入并共同开发、建设和维护慕课。在这个过程中，应当遵循由重点建设到普遍建设的战略，确保慕课建设在全国范围内的稳步发展。最开始先是让科研水平较高，具备"双一流"头衔的高校进行带头开发，再之后就是以它们为中心点带动其他省重点高校或者说其他地方的高校们，推动慕课技术的普及、建设和推广，最终建成覆盖全国的高校思想政治教育慕课平台。

第二，健全激励机制，提升教师网络教学水平。高校思政课教师是推进思想政治教育改革的原动力，要呈现慕课在教育教学中的价值，首先需鼓励教师学习新媒体新技术。高校要健全教师进行教学创新和教育改革的激励机制，加强对思政课一线教师的网络技术培训，同时将慕课课程的研发专家邀请到学校中，请他们对全校师生做演讲，或者开座谈会，来交流或者分享经验。为了真正调动教师参与网络课程制作和应用的积极性，形成崇尚创新的氛围，需要积极表彰和奖励那些积极参与和探索慕课课程开发的教师。这样可以激励更多的教师投身于慕课课程的开发和创新，从而推动慕课教育的快速发展。

二、立足于翻转课堂的高校思政课程

翻转课堂教学模式的含义是将传统的教师主导型教学模式颠倒过来，使得学生在课堂中扮演更加主动和积极的角色，同时利用新媒体等技术手段实现教学内容的开放性和多样性。总体来说，这种教学模式的核心是以思政教学的最终目标为出发点和落脚点，旨在提高学生的参与度和思辨能力，从而更好地实现思政教育的效果。

（一）在思政课程中运用翻转课堂的优势

1. 有利于提高教学实效性

在我国召开的思想政治会议中明确提出，必须加强高校思政理论课程的吸引力，以推动高校思政教学的深刻变革。这不仅有助于提升高校思想政治教育的根本性进展，而且能够有效增强高校思政课程亲和力和针对性。然而，尽管思政课程在高校教育中具有重要地位，但其地位不够突出。这一方面是由于高校领导对思政课程的重视不够，另一方面是由于思政课程的教学时效性不够明显所致。传统的思政课教学模式由教师独自授课为主，而教师的教学水平、教学内容的吸引力和课堂管理效果直接影响着课堂的教学效果。但是，"翻转课堂"教学模式改变了传统的由教师主导的教学方式，让学生在课前、课中、课后全程参与课堂，借助信息技术提供多种学习模式和丰富的学习资源，拓展了学习的领域。所以说，采用"翻转课堂"教学模式可以让学生参与到课程中，提高他们的学习主动性，丰富学习资源，创新学习方式。在我国教学改革的潮流中，这种教学模式是对传统教学模式的深刻变革，可以提高高校教学效果。许多实践证明，"翻转课堂"教学模式是可行的，有显著的理论和实践意义。

2. 有利于提高学生的参与性

大学生是高校思政课堂的主体，他们的个性化和独立意识是进行课堂改革的主要考虑因素。当前的大学生具有多方面的特点，如个性鲜明、知识广泛、生活在网络时代等。传统思政课堂教学模式强调教师的权威性和科学性，而这种模式已经无法适应当今大学生的需求和特点，因此需要进行改革。现今的大学生以"00后"为主，具有强烈的个性化和独立意识，更愿意以自己的方式和角度思考问题，而不是被动接受老师的传授。因此，思政教师在课堂教学中应该更加注重引导和鼓励学生，积极引导学生参与到讨论中。同时，学生作为网络时代的"原住民"，拥有丰富的原始知识。因此，传统的思政课堂教学方式已经不再适用，教师应该充分利用信息技术手段，引导学生广泛涉猎新知识，做到勤思考，培养学生的思考能力和自主思考能力。在这方面，采用"翻转课堂"教学模式可以更好地增强学生的课堂参与度。在上课之前，主要是让学生进行自主学习，或者搜索教学上传的内容，以便明晰在翻转课堂实际教学过程中，教师应该采用各种各样的教学方式或者教学思维去构建系统化的教学体系；课堂结束之后，教师应引导学生进行自主复习和测试；在课堂之后的考核评价的环节中，其考核的主要内容应该注重增强考核内容的多元化发展，从各种角度都去体现思政课堂不断增强学生课堂参与度的要求。

3.有利于更新教师的教学理念

高校思政课是大学生思想政治教育的重要场所，其课堂教学的效果对于高校开展思政教育的成效具有重要的影响。为此，我国教育部门明确提出了推进思政理论教学方法和教学模式的变革，将教师角色转变为学习引导者，教学方法也从传统的讲授向教学视频的筛选、制作与上传转变。在"翻转课堂"教学模式中，教师需要扮演好引导角色，促使学生在自主探究和自主学习中提高学习兴趣，培养实践和创新能力，从而真正实现将学习的主动权交到学生手中的目标。为了支持这种教学模式的实施，高校需要及时做好信息技术和教学资源的完整性和整体性建设，同时培养教师和学生学习先进技术和创新教学方法的意识和能力。本书从这一角度对高校思政翻转教学的具体应用进行了合理分析。

（二）翻转课堂运用在高校思政课中的路径

"翻转课堂"教学模式不仅仅是简单地对课堂进行颠倒，而是涉及课前预习、课中授课、课后复习及评测的全过程。为了成功开展翻转课堂教学，高校需要及时完善信息技术设施和教学资源，同时还要确保教师和学生具备使用先进技术和创新教学方法的意识和能力。

1.构建师生双主体地位

在开展教学时思政教师首先应该以学生的需求作为根本，以促进学生的全面自由成长作为基础。在思政教学过程中应用翻转课堂教学模式时候，应该把教师和学生都看作是主体，并且制定合适的人才培养方案和思政教学任务。

第一，"翻转课堂"教学模式基于建构主义和人本主义理论，强调学生的主体性和自主性。因此，思政课堂应当充分尊重学生的认知能力和学习结构特点，科学设置教学内容和教学过程，让学生在积极的学习氛围中主动参与思政课程的学习，充分发挥其独立思考和创新能力。高校思政课堂以学生为主体，教师应该充分尊重学生的主体地位，在课程设计和教学实践中注重培养学生的学习兴趣和主动性，促进学生全面、自主、深入学习。

第二，在思政课堂中，虽然学生是主体，但教师的作用也不可忽视。传统的思政课教学形式可能会让学生感到枯燥，但教师仍然需要在课堂上传授理论知识，传递价值理论，引导学生树立正确的世界观、人生观和价值观。因此，思政教师需要扮演正确的引导者角色，为学生提供正确的指引和引导，帮助学生更好地理解和接受课程内容，从而更好地实现教学目标。

第三，教师和学生这两个双主体是选择。从宏观来看，在进行思政课教学时，采用翻转课堂模式需要教师和学生相互配合，形成双方合作的师生双主体，充分利用学生的主体性和教师的传道授业，旨在让思政课更加生动有趣、贴近实际，真正实现教学目的。

2. 不断提高教师的素养

与传统的教学模式相比，翻转式的教学模式要求教师开创全新的教学体系。

第一，教师应坚定自身理想信念。教师在思政教学中应明确自己的教学目标和职责，不断更新自己的知识体系，紧跟新时代、新技术的发展，提高自身的教学水平。在当今信息爆炸的时代，思政教师更需要坚定自己的信仰和理想，并带领学生树立正确的价值观，从而更好地完成教学任务。

第二，在当前信息化教学大环境下，思政教师也应该不断提升自身的信息素养，掌握基本的计算机知识和技能。为了更好地实践翻转式教学，思政教师需要比较研究传统教学模式与该模式，学习使用视频制作工具、构建网络学习平台、与学生进行在线互动，以及挑选高质量的网络学习资源等技术，以提高自身的信息化教学水平。

第三，思政教师应当重视自身的科研能力提升，以达到"研教一体"的目标。教学内容和方法都是不断变化的，思政课教师需要不断提升自身的专业性，从历史、现实、理论、实践等多个角度深入探讨理论知识。同时，在教学过程中，教师应加强对教学方式的研究，通过对教学过程的分析总结和相关研究的学习提炼，进一步提高自己的课堂教学能力。

3. 紧密结合课前、课堂和课后环节

"翻转课堂"教学模式最大的优点可以说是将学生的课前预习、课堂表现和课后复习等三个环节进行广泛结合，经过这种模式用来表现思政教学的全方位育人、全过程育人的教学特点。

第一，翻转课堂教学过程中的课前预习环节。教师需要制作小视频，让学生提前自主观看和学习本节课堂需要掌握的知识点和重难点。教师还应鼓励学生自主选择感兴趣的视频进行自学，并将自学成果整合成自己的知识体系，可以通过上传到平台或以书面形式在课堂上呈现。这样的预习方式可以帮助学生更好地理解课程内容，同时也提高了他们的学习主动性和自主能力。

第二，在翻转课堂的教学环节中，学生应该主动进行探究，而不是像传统思政课那样被动接受教师的灌输。翻转课堂强调差异化教学，因为不同的学生有不同的学习方式。学生可以通过展示自学成果、讨论课堂主题、案例分析、视频学习和归纳总结等环节进行互动学习，构建自己的知识体系。教师会引导学生的学习过程并对知识点进行梳理和呈现，从而提高课堂效果。

第三，在思政翻转式教学的课后巩固提升环节，教师应充分利用第二课堂，以满足高校思政课教学改革的要求。思政教师应注重学生课堂学习的巩固提升，通过平台测评任务，查验学生理论学习的成效。同时，鼓励学生在社会实践中将理论落地并在网络平台上延伸阅读，拍摄微电影、参观实践教育基地等实践教学形式，升华理论，增强知识体系。教师在教学的各个环节都需要做好对学生的考核评价工作，灵活选择考核方式、考核内容和考核主体，调动学生学习的自主性，以达到教学的最佳效果。

4. 强调思政课程中重、难点知识

教师在将翻转式教学引入课堂时，需要明确视频学习只是辅助方式，真正的学习内容应该在课堂中展开。在课堂教学环节中，教师应该重点设计教学重点和难点，以展示成果、课堂授课、课堂讨论等形式，让学生围绕教学重点和难点进行学习。在课后阶段，教师可以根据学生的实际表现进行主观性考评。利用翻转课堂进行思政教学的关键在于教师的合理引导，以及学生是否能够最大限度地吸收课堂教学内容，这是衡量该教学模式是否成功的最主要的因素。

5.教师对思政教学课堂进行统一管理

教师要利用翻转式的教学模式开展思政教学，需要在教学准备工作方面投入更多精力，比如根据学生学习特点筛选教学内容、制定教学方案、使用合理的教学手段等，同时还需及时查看批改学生的自学成果，这对教师的组织和管理能力提出了更高的要求。在"翻转课堂"教学环节中，教师应主要为学生解答疑难问题、组织课堂讨论，并引导学生掌握相关理论和能力，以此最大化地利用教学时间和提升教学效果。为了进一步提高课堂效果，教师应该组织小组讨论，让学生以小组形式分享、讨论和展示相关内容，教师会有针对性地进行点评。这既考验了教师的知识水平，也考验了其课堂管理能力。考核和评价环节，特别是对教师和学生的考核评价，是该教学模式的重点内容。思想政治教育课程是对学生价值观进行正确引导的重要工具，因此，对学生的考核评价不应只集中在理论知识层面。

高校思政课在大学生立德树人过程中占有关键地位，对学生进行思想政治教育是其主要任务，因此考核和评价不应局限于学生对理论知识的掌握，而应注重学生思维能力的提升、价值观的养成以及自身素养的提高等方面。为实现这一目标，教师需要进一步探索适合学生的考核方法，评价学生在翻转课堂整个教学过程中的表现以及核心价值观的培养，从而有效地激发学生的学习热情和自主性。

6.实现线上与线下的相互结合

教育领域构建线上、线下双渠道，即实现现实教学与网络教学的结合。高校思政课开展"翻转课堂"教学模式，其前提正是信息技术手段的广泛应用，因此构建线上线下双渠道是必然选择。在利用翻转课堂进行思政教学的过程中，思想政治教师应明确"颠覆课堂""翻转课堂"和"对分课堂"三者的异同点，进而将现代化的教学设备和教学方法充分利用起来，从而带动学生的思政学习积极性和学习主动性。

首先，思政教师需要针对翻转课堂教学模式适用的内容进行深入研究，并组织教师团队进行集体备课，分工录制适当的微课内容。其次，教师应该充分考虑学生的个性化特点和认知能力，为每个学生量身定制适合的学习计划。再次，教师需要帮助学生筛选适合的网络资源，以便他们更好地完成学习任务。最后，教师还应该在微课、探究、讨论和实践等环节中适当地安排学习内容，留出时间供学生思考和自主探索。综上所述，教师需要全面考虑教学方法、教学内容和教学模式，以确保思政教育的有效开展。

7. 对思政课程进行灵活设置

总的来说，高校的思想政治课程内容丰富，包括多种学科内容，例如近现代史、毛泽东思想、马克思主义哲学、法律、思想政治、形势政策等。不同课程对学生的知识、情感和能力目标的要求有所不同，也有着不同的理论性。因此，在实施"翻转课堂"教学模式的时候，需要根据具体的课程设置进行有针对性的教学设计。

对于理论性强的课程，教师可以鼓励学生在课前自学阶段多观看知名大学的视频课程，为课堂讨论打下理论基础；而对于涉及思想与情感方面的课程，如"中国近现代史纲要"和"思想道德与法治"，教师则可向学生推荐相关视频和案例，以帮助他们更好地理解和塑造自己的价值观；对于与时事紧密相关的课程，如"形势与政策"，教师则可建议学生多关注新闻、刷学习强国，以及查阅网页和微信公众平台的推送，以更好地了解当今的热点话题，并为课堂学习提供现实指导。

第三节 基于 VR 技术下的高校思政课程

一、VR 的概念

VR 全称 Virtual Reality，其中文名字叫虚拟现实，从狭义和广义的角度对其进行划分，狭义的 VR 技术是指：通过电脑或融入式设备模拟虚拟世界，提供给用户真实的视觉、听觉、嗅觉、触觉体验，使人感受身临其境的超现实效果。广义的 VR 技术不仅包括狭义的内容，还指所有能够实现模拟仿真的软件、硬件、技术和方法，例如"人工现实""虚拟环境"和"赛博空间"等。通过人机交互实现现实与虚拟空间的有机转换，使人完全沉浸于逼真的环境中，达到部分或全部此效果的技术被称为 VR 技术。

对于 VR 技术的定义，可以从不同学科角度进行阐释和区分。例如，从计算机和信息技术领域的角度来看，VR 技术是基于计算机技术、传感器技术、仿真技术等多种先进科学技术而研发的一种新型人机交互技术①。而从教育培训领域的角度来看，VR 技术通过计算机仿真，建立一个沉浸式三维空间虚拟场景，通过 VR 设备将这个场景以 360° 全景的方式展现在用户面前，并模拟人的听觉、触觉等，使用户获得身临其境的感受②。虽然不同学者对于 VR 技术的定义有所差异，但总体而言，对于 VR 技术的概念界定在国内外学者中存在的争议较少。

二、在思政课教学中运用 VR 技术的意义

（一）形成了师生双主体

VR 技术应用于思政课教学是符合建构主义学习理论的，因为它提供了相应的理论支持。在这种教学模式下，学生主动建构知识意义，通过生成自己的经验、解释和假设来理解和掌握知识，教师则提供环境上的支持。通过交流、探索和质疑，学生与学生、学生与教师之间建立了双向互动的关系，共同关注思政课的核心内容，达成知识意义的建构。VR 技术应用于思政课教学中，教师和学生成为思政教育的双主体，教师创设虚拟环境，学生在其中主动思考、构建知识和表达情感，从而实现了对思政知识的更深入理解和掌握。

（二）打破了时空的限制

随着时代的变迁和科学技术的飞速发展，高校思政课教学常常受到时间、空间和资源等多重限制的影响。而 VR 技术为解决这些问题提供了可行的解决方案。通过 VR 技术，学生可以置身于一个完全沉浸式的虚拟现实世界中，不再受到时间和空间的限制。教师也可以足不出户地完成相应的教学任务，从而节省了更多的教学资源。与传统的实践教学相比，VR 技术视域下的实践教学更为便捷高效，可以让学生全身心地投入其中，接受更加真实的教学信息。

通过 VR 技术的应用，教师可以带领学生穿越时空，在南京中山陵、泰山之巅、井冈山等历史名胜中感受文化、历史和自然之美，加深对祖国的热爱和认知。

①　魏涛 .VR 技术在电子商务实验教学中的应用研究 [J]. 信息与电脑（理论版），2017（19）：229-230+233.
②　黄超，田丰，褚灵伟 . 沉浸式 VR 在教育培训领域中的应用综述 [J]. 电声技术，2017，41（Z4）：99-105+109.

VR 技术以其强大的构想、创造和现实能力，以及远程虚拟现实的强大功能，为打破时空限制、节约优化教学资源、提高学生学习效率奠定基础。

（三）丰富了教学内容

随着社会和科技的不断进步，VR 技术的虚拟现实场景也越来越信息化、逼真化、人性化。在思政课教学中，教师可以通过操控 VR 技术平台，引导学生深入虚拟世界中的历史场景和人物事件，并进行有目的的教学。学生可以利用 VR 设备与历史人物进行互动，参与到历史事件中。他们可以在虚拟现实的环境中与舞台进行自然而流畅的互动，产生身临其境的感受和体验，进而更深刻地理解和接受思政课所传达的精神和理念。

随着 VR 技术的不断发展，它所依赖的庞大数据库已经成为 VR 技术操作和实施的基础。在 VR 情境中，学生可以通过 VR 设备主动获取大量的信息，这不仅可以增强学生的思维能力和创造力，还可以提高学生的实际操作能力，从而显著提高了思政课教学的实效性，使思政教育更加贴合时代发展的需求。同时，针对思政课中的抽象理论内容，VR 技术可以将其转化为具体的文字和图片形式，帮助学生更好地理解和掌握，从而大大降低了学生的学习难度和疲劳感。通过这种方式，VR 技术有效地提高了思政课堂的趣味性和活跃性，让学生更加主动地参与到课堂教学中来。

（四）提高了学生学习的兴趣

传统的思政课教学方式主要依赖老师的讲授，学生采用听和看来获取知识，这种单一的学习方式容易导致学生的疲劳和失去兴趣。相比之下，VR 技术具有互动性、沉浸性和逼真性，可以为思政课教学带来全新的变化。通过提供视觉、听觉和触觉等感官上的体验，VR 技术可以将抽象、深奥的概念具体化、生动化，让学生感觉身临其境，激发学生学习的兴趣和动力，提高他们对思政课的接受程度。

（五）体现了以人为本的理念

高校思政课教学注重以人为本，关注学生的求知特点，努力打造适应新时代的教学模式。现在，随着"两微一端"技术的快速普及，互联网和移动新媒体正在慢慢改变年轻人的生活方式。人们已经习惯了时刻与网络连接，这已经成为主流社会的常态。将 VR 技术应用于思政课教学，可以有效地促进学生动手、动脑、动口，不断激发他们的学习热情和创造力。VR 技术为思政课堂带来了全新的教学形式，能够更好地调动学生的积极性、主动性和创造性，让他们在学习中更好地成长和发展。

借助 VR 技术，思政课教学将打破传统的单调枯燥的教学模式，摆脱"一言堂"的困扰，始终以人为本，以学生为中心，实现教师和学生的双向互动，充分尊重学生的主体地位。在 VR 技术的支持下，教师可以随时掌握学生的动态，更加便于加强师生之间的良性互动，让思政课堂更加接地气，更具生动活力。通过这种方式，VR 技术为思政课教学注入了全新的活力，让学生在思政课堂上能够更加主动地参与和学习，从而获得更好的教学效果。

（六）调动了学生的主动性

在思想政治课教学中应用 VR 技术是非常现实的。由于现在的学生从小就接触互联网，对新技术和新媒体非常熟悉，因此利用 VR 技术来学习新知识会有很好的效果。这种技术可以将抽象的理论转换成具体的场景，从而符合学生的学习心理。这样一来，学生们可以更加生动地了解和学习思想政治课的知识，让学习变得更加有趣和有意义。在现代社会中，创新者才能取得成功，创新者才能保持竞争力。VR 技术作为一种新的教学工具，通过创新思维和全新的视角，可以为思政课注入活力，同时也符合时代发展的需求。VR 技术能够将真实的社会关系场景重现在屏幕上，这让思政课教学更加生动有趣，更能激发学生的学习兴趣和主动性。通过 VR 技术，教学可以变得更加具有互动性和趣味性，学生们可以身临其境地参与其中，学习效果也更加显著。这种教学方式不仅能够调动学生的积极性，也能够培养学生的身心并用，让他们更加全面地学习知识。

（七）实现思政教育资源的均衡发展

VR 技术拥有虚拟现实的特性，可以突破时空限制，实现远程实践教学的愿景。未来，高校思政课程将采用 VR 技术，学生不必再长途跋涉前往实践教学地点，而是在 VR 课堂内完成实践任务。相对于传统的实践教学方式，VR 课堂更为安全可靠，也更符合以人为本的教育理念。此外，VR 技术还具有平衡不同高校、不同地区教育资源的潜力。利用 VR 技术，教师可以实现教育资源的共享，从而使不同高校、不同区域的教育资源得到均衡发展。由于我国区域经济发展水平不均衡，导致东西部教育资源的差距较大，高校之间的师资力量分布也不均匀。而 VR 技术可以突破时空限制，打破传统实践教学模式，使得不同高校、不同区域的教学资源得以共享，从而实现协同发展，共建和谐的高校思政课教学环境。

三、在思政课教学中应用 VR 技术的问题

（一）成本方面的问题

VR 技术常与高难度开发、高价格产品应用等标签联系在一起。在现实应用方面，高校在思政课教学上目前普遍使用 VR 设备，但无论是从自身研发，或是采购相关的 VR 教学设备，都是一笔不小的投入。这也是高校，特别是教学资金紧缺的高校，在思政课教学应用 VR 技术的阻碍。在"VR+ 高校思政课"教学过程中，生产内容是资金投入最多的一环，不管是做渠道，还是做超级教室，其实质都是需要用户为制作内容"买单"。而且，后期"VR+ 高校思政课"教学制作内容同质化的情况比比皆是。部分高校醉心于自己制作精品课程，便势必要主导内容，这也导致了自身 VR 课程研究制作成本的上涨。一节精品 VR 高校思政课教学需要由一线教师、专业策划师、3D 建模师、3D 动画师、音效师、专业程序人员等工作人员制作而成。其内容制作的烦琐与大规模人工聘用，是"VR+ 高校思政课"成本上升的实质因素。同时，随着课程内容的持续性更新、发展，时效性的社会热点不断涌现，学生心理特征也在时刻发生变化，这也是高校思政课教学课件不断充实、完善以助于高校更好地开展教学工作的动力。但这也是高校对于高投入、高成本 VR 思政课教学举步维艰的现状。

（二）教师方面的问题

VR 技术作为新兴技术，在思政教学上的应用必然是一种新的教学手段。从关注心理层面上来说，不同的教师基于自己在采用 VR 技术开展教学的过程中的

认知，在其用于教学的过程中，必然会在兴趣与态度上因自己的个人或工作背景产生不同的想法。教师在心理上能否适应？从能力方面来说，思政课教师是否具有大数据、人工智能和VR技术等新技术的使用能力？从环境方面来说，VR环境由信息技术、资源和设施等配套形成，教师是否具备创造和适应这样的环境？从人际方面来说，能否与其他教师进行交流与协作，能否与技术支持人员进行有效沟通？从行动上来说，对于部分老师在使用VR教学过程中产生的头晕不适应感会不会在实践教学中愿意体验和使用？这些都对VR技术融入思政课教学形成了不小的挑战。

在思政课教学应用VR技术，这对高校任课教师提出了更高的要求。一位学者提出VR教师要具备角色表演戏剧能力的新倡议。教师需要熟练操作VR技术，掌握前沿的VR技术基础，很好地驾驭VR设备及相关配套设施，便于其能更好地完成授课工作。与此同时，教师也应该改变旧日的教学模式，去探索出一条与时俱进的适合VR技术教学的模式，根据自身授课内容和进度制作出相应的教学课件，增删有时效性的热点话题，丰富授课内容。新技术的采用和授课者的实践主要为了改变传统授课的局限性，增添趣味性，其目标在于提高学生对于思政课的接纳度。这也是"教师被称为艺术家"这一句，最好的诠释。是对教职工作者精进业务能力，提高业务水平的最佳赞赏。

（三）内容方面的问题

伴随VR技术的广泛应用，思政课教学模式和教学策略也要相应做出有效调整。教师要根据学生认知能力和情感变化的差异，自觉更改不妥的教学策略，这也需要过渡的过程。此外，由于VR教学本身的局限性，使得VR内容要融入教学体系和教学系统中也有颇大的难度。如果全部采用思政课程的教学目标制作全部内容，则任务工作量巨大。采取部分VR制作，又难免管中窥豹，不得真解。只有成体系化的教学内容，才能真正发挥教学作用。从当前情况看，有限的VR教育资源，难以形成一个完整的教学体系。

思政课教学要因事而化、因时而进、因势而新，解放思想，实事求是，与时俱进，紧跟时代发展和理论创新的步伐，才能实现促进学生关心国内国际大事、关心当代发生的社会巨大变革的目标；才能增强学生的社会责任感；才能弥补教材内容更新缓慢的缺点；才能加快最新理论实践进课堂、进头脑的步伐。当下的VR技术制作内容耗时长、费用高，其形成的教育资源又基本上处于"孤立无援"的状态，难以做到局部反哺整体，未形成共享机制，未进行顶层设计，未形成统一规划，最终出现重复建设和对接困难的情况，造成资源使用率不高，教学时效性不保。

（四）关系方面的问题

VR高校思政课主要面临着"主体"与"客体"即教与学、"主体"与"渠道"即教师主导与教学手段、"客体"与"渠道"即教学对象与教学手段三对关系。即便在VR高校思政课日渐流行，教学相应条件日渐完善的今天，这三对关系之间处理不当的现象仍有存在。如：其一，"主体"与"客体"即教与学关系处理不当，在VR前沿技术改变教学形态的前提下，师与生未能建立新技术下的有效联系，以致教学展现手段千变万化，却难以做到开物成务、返璞归真；其二，"主体"与"渠道"的关系处理不当，即教师主导与教学手段的关系处理不当，部分教师过于依赖VR技术手段，课程缺少人文关怀，授课以技术为主导，形式多为吸引眼球式教学，教师作用降低；其三，"客体"与"渠道"即教学对象与教学手段的关系处理不当，部分高校思政课教师忽略了受教对象学生群体的感受，过度追求技术手段完善课堂，过于注重前沿技术带来的视听效果呈现，对于学生接受程度缺少调查反馈，舍本逐末。VR技术应用思政教学是趋势下的广泛应用，在接受科技带来的便利的同时，也要注意形式创新和内容本质的协调性，最大程度地让科技有效服务于教育事业。

（五）质量方面的问题

VR技术制作的思政教学课件，在技术上缺乏统一的制作标准，在内容上可开发空间不足，多是以碎片化形式呈现。VR技术制作的思政教学课件在教学本质内容上尚无法有效应用，只能做到教学场景的营造。而且不仅VR硬件设备是不菲的开支，对于优质的思政课教学内容还要进行可行性认证、内容开发和程序设计，也少不了后期的更新维护。这也对技术人员和教师综合素养有门槛。若仅用于普通教学上，效率不高，性价比也不友好。目前，虚拟现实技术与高校思政课教学的融合尚难以做到和谐统一，且对应用、接受技术的对象的信息素养有一定的要求。VR技术和高校思政教学的结合在应用实践上，还是要经历市场经济自我调节、时间的检验和技术的积累。

（六）机制方面的问题

"VR+思政课"教学是否能取得实效性教学效果，是大众探讨VR技术是否可以在高校思政课教学推广应用的广受关注的话题。因此，对于可以及时收到学生反馈的教学情况的监测机制的建立是绕不开的话题，这有助于衡量"VR+思政课"实效性教学效果。同时，不得不提的是，在"VR+思政课"教学过程中，教师在VR设备监护过程中还没有配套成熟的辅助技术来对学生学习过程进行有效的客观评价。这也是难以从第二视角监测来确保学习质量的问题。运用"VR+高校思政课"教学，要应对诸多问题，例如，学生在课堂教学过程中收获如何；如何对学生进行客观的评价；检测机制的建立指标如何；在衡量学生学习成效过程中应该注意哪些问题；实践教学预期可以达到一个什么样的效果等，都需要构建系统科学的评价体系。

（七）实效性方面的问题

技术应用要考虑实效性，鉴于师生反馈，"VR+高校思政课"教学目前仍存在使用中的问题尚待解决。虚拟现实技术交互设备帮助操作者以更加有效的方式与虚拟世界进行交互，大大增强了互动性和沉浸感，并为操作者提供了一种通用、直接的人机交互方式。而当前的问题即交互体验感不足是质疑"VR+高校思政课"实效性的主要原因之一。其中造成学生交互体验感不足的原因主要有以下两种。一是VR技术在服务于高校思政课教学的过程中，自身存在诸多问题。比如，学生反馈，头戴式显示设备体积过大，重量较大，视域相对狭窄，头部活动的自由度完全受到限制。学生头部长期置于沉浸式头盔里面，容易产生视觉疲劳。VR头盔的延迟效应，更容易使学生产生头晕目眩等不良反应，这也是严重影响学生的体验感和教学效果的因素；二是VR设备自身存在的缺陷，教师反馈无法通过客户端及时掌握学生学习动态，及学生具体接触的信息状况。这种状况成为横亘在学生和大幅度有效知识量二者之间，不利于学生学习和掌握科学理论知识、全方位提升自身品德修养。有悖于培养新时代有为好青年的时代命题。

四、在思政课教学中运用 VR 技术的策略

（一）教师方面的策略

为了能有效提高 VR 技术在思政课教学上的效果，要注重学校支持、模范示范等方面的情况，有利于增强教师的做到替代强化和自我强化的有机结合。即在观察到别人的行为受到奖惩强化时，对自己的行为也有间接的强化作用；在行动的过程中，可以根据自己设立的一些内在的行为标准，以自我奖惩的方式，对自己的行为进行调节。在个人评价和学习目标等方面，要多关心教师心理状态。在心理辅助和心理培训等方面，培养教师百折不挠的意志。在能力方面，教师应不断学习，提高自己教学资源的设计能力、开发能力、升级能力来适应 VR 技术应用于思政课教学。在行为方面，对教学准备中的行为转变，适应信息化教学备课，创新教学资源和环境，合理利用互联网搜索资源。

（二）教学方面的策略

1. 课堂方面

在"互联网＋教育"成为教育主流，各个学科争相构建"互联网＋"模式的时代潮流下，高校思政课作为构筑意识形态的主阵地，肩扛社会主义鲜明旗帜。实现"VR＋思政课堂"教学，需要倾力打造"三模式"下的"VR＋思政课堂"教学。一是构建线下"VR＋思政课堂"教学。着力打造现实版精品 VR 思政课堂教学，充分挖掘 VR 技术的优势，大力投入硬件设施建设，渲染思政课堂文化氛围，创新思政课堂教学理念，致力于打造形式新、内容新、理念新、实效新的思政课堂教学效果，实现新时代下与时俱进的"VR＋思政课堂"教学；二是打造线上"VR＋思政课堂"教学。"VR＋思政课堂"教学需要充分发挥互联网的积极作用，依据互联网优势所在，实现不同院校、不同区域的"VR＋微课思政课堂"教学资源共享，实现足不出户跨时空学习的目的，充分发挥线上"VR＋微课思政课堂"教学的作用，构建平台共享、资源共享、教学共享的高校思政课教育教学模式，充分

发挥线上"VR+思政课堂"教学的积极作用;三是打造线上线下双结合的"VR+思政课堂"教学模式。基于"教育三个面向"的教学理念,"VR+思政课堂"教学亦是如此,高瞻远瞩,与时俱进,打造多领域、多平台、多方位的思政课堂教学模式,打造线上线下、网上网下协同发展的"VR+高校思政课"教学模式。

2. 教学内容

VR技术与思政课教学结合,它不只做到场景呈现,其核心还是要在科技提供便利的情况下,做好教与学、教师主导与教学手段、教学对象与教学手段三对关系的和谐统一,其核心还是要产出优质内容。重视思政知识延展性,实现知识传授与价值引领两者结合。在教学内容方面,要善于利用VR技术的先进性优越性,丰富课堂内容,让学生对思政课不再有教条的刻板印象,让学生真正地爱上课堂,进而实现思政课的教育意义。利用技术手段的同时也要注意课程不要浮于表面,把握好深度内容的产出。程序化、单一的知识点,不能满足学生们的知识需求。宜通过VR技术展现的内容,激发学生的学习兴趣,抛砖引玉,由浅入深,用开放性视角过渡到更高层次的学习。同时,充分发挥学生的积极主动性,自动自发构建新知识,促进学生在情感、心智和伦理等方面多维发展。

3. 实践教学

一是现场实践教学与虚拟实践教学互补。对于思政课理论知识不仅要求学生学与思相结合,还要求学生能够将理论践行于实际。思政课VR实践教学可以作为开辟的"第二课堂",将思想政治教学内容延伸到课堂教学后,锻炼学生的综合思维能力,拓展学生的学习视野。组织学生参与教学实践活动,学生可以借助VR设备,在参观纪念馆、博物馆、历史文化圣地的实践教学过程中,体验虚拟现实中的纪念馆、博物馆、历史文化圣地,体验现实与虚拟中不一样的感受。在活动过程中领悟人生的真谛,锻炼学生的学习能力和生活能力,引导他们改变错误的思想,积极主动的分析问题、解决问题,促进自身的健康成长;二是虚拟现实中的"VR+思政"实践教学。"VR+思政"实践教学可以借助VR虚拟现实的强大功能,打破时空限制,实现足不出户体验不同区域的实践教学。同时,随着"互联网＋教育"及大数据的发展,网课资源共享已然成为共识,不同高校倾力打造的精品思政实践教学课程,亦可实现协同发展,资源共享;三是虚拟创新

"VR+思政"实践教学。"VR+思政"实践教学的内容制作及教学设计的过程不是一成不变的,亦可在原有实践教学的基础上,基于历史事实,人为进行内容融合、升华、创新,丰富 VR 思政教学的内容,让学生们在知识的拓展中喜欢上思政课。打造与众不同、内容丰盈、有趣有意义的"VR+思政"实践教学课程。知行合一,才能行稳致远。

4. 教学方式

VR 技术应用帮助教师做到知识可视化,实现逻辑思维的直观化,这不同于传统的教学方式,教师通过口头语言向学生传授知识,培养能力,进行思想教育的方法。

通过综合教学,系统集成,融会贯通。综合教学是指整合传统的课堂教学和虚拟的实践教学,集成各种教学方法、教学内容和教学手段。一是传统实践教学与虚拟实践教学二者有机结合,优势互补,为学生提供更广阔的视野。不囿于学生自我消化理解的差异而造成知识获取的参差,帮助学生尽可能以更广阔的视角多维度探索和理解学习目标;二是综合高校思政课实践教学内容。比如"思想道德与法治""毛泽东思想和中国特色社会主义理论体系概论"和"形势与政策"等内容,通过 VR 技术,实现虚拟课程内容之间的有机整合;三是综合高校思政课实践教学资源。VR 实践教学可以使用多种载体,网页、手机等,以实现资源共享的多样化,让学生更好地学习。

VR 技术的应用,除了在教育方面的优势,在规避人身安全的危险上,也提供一定的安全系数保障。VR 制作教育课件,完善传统课程的单一性的视角,让学生身临其境体验思政课。思政课 VR 实践教学通过重塑教育教学形态,大力推动互联网、大数据、人工智能、虚拟现实等现代技术在教学中的应用。探索实施网络化、数字化、智能化、个性化的教育,以现代信息技术推动思政课教学质量的"变轨超车"。这样可以减少学生外出参观考察,实质意义上的规避人身安全风险。例如疫情防控期间,学生只要具备相关设备和软件,就可以通过远程教学平台实现教育足不出户,同时有效解决了组织难、费用高和安全性低的思政课实践教学难题,使学生体验感更丰富。

（三）课程方面的策略

在"VR+课程思政"教学过程中，需要从以下几个角度进行：一是借助课程的相关性。在全面发展教育中，各育是相互联系的，但又相对独立，各自发挥不可替代的作用。学科发展亦是同理，诸多学科内部存在其共性和特殊性，学科之间的知识内容亦有联系与共性。这就要求学科知识教授需要不同学科知识作为铺垫，融会贯通。将VR融入不同课程中，以本课程学科附加思政教育内涵，从共性中赋予思政内涵教育，穿插VR思政教育课程内容、增强课程的学理性、教育性；二是辨析课程的区别性。面对不同学科的差异性，需要探索调整适应的教学模式，在VR融入不同课程中，要学会变通，要做到符合课程特色的思政教学内容，这样才能有效实现思政教学的意义，不违背思政教学的初衷；三是以课程为本创新VR教学，焕发新的教育生机。要立足于课程本身，做到符合课程特色的的"VR+课程思政"。从课程教学到课程思政教学，从思政课程教学到课程思政教学，概念的延伸，教学目的、教学意义转折显而易见。实现"VR+思政"课程到"VR+课程思政"的华丽转身，无疑给广大教育者带来了新的挑战与磨砺。

（四）共享机制建设方面的策略

鉴于当前VR技术建设思政课教学资源的困境，即技术人员不通思政教学，授课教师不懂VR技术。这就导致相关高校和VR技术开发机构要尽快制订统一的标准和制度，建立好VR技术开发、引进、运用等相关配套机制。不仅对于高校能建立获得师生使用反馈的渠道，还为VR技术开发机构后续维护运营提供有效意见，便于保障硬件设备使用的延续性和软件设备开发的时效性。在实践上，共享机制可以有两种方式：一种是全国的资源整合与共享，另一种是省级的资源共建共享平台。这两种方式建成后都能做到有效整合资源。共享机制的建立，有助于让整个VR思政课资源紧跟时代发展和理论创新的步伐，与时俱进，不断产生新的效果。

第四章　新媒体时代下的高校思想政治教育

本章为新媒体时代下的高校思想政治教育，依次介绍了新媒体时代高校思想政治教育的基本原则、理念，以及新媒体时代高校思想政治教育的内容、新媒体时代高校思想政治教育的建设路径、新媒体时代高校思想政治教育的载体创新四个方面的内容。

第一节　新媒体时代高校思想政治教育的基本原则、理念

一、新媒体时代高校思想政治教育的基本原则

（一）方向性原则

方向性原则是指高校思想政治教育工作必须坚持正确的方向（包括政治和业务两个方面），坚持党对高校的全面领导，保证办学的社会主义方向，用正确的思想引导师生员工。这是高校思想政治教育工作受社会政治、经济制约的客观规律的反映，也是由社会主义教育的性质、目的、任务及其特点所决定的。贯彻这一原则，高等学校就能确立正确的目标，师生才有向心力、凝聚力。如果思想教育方向发生偏差，高校必然产生震荡，它所造成的消极影响一般很难在短期内得到纠正。

1. 坚持正确的政治方向

高校思想政治教育工作必须认真贯彻党在中国特色社会主义历史阶段的基本路线。明确"教育必须为社会主义建设服务，社会主义建设必须依靠教育"[①]的指导思想，全面贯彻党和国家的路线、方针、政策，尤其是教育方针政策。在社会

---

① 中共中央. 中共中央关于教育体制改革的决定 [J]. 中华人民共和国国务院公报，1985（15）：467-477.

主义建设事业需要上，力图高校的教育及其管理工作能符合时代赋予的任务及要求。努力培养德、智、体等各方面和谐发展的一代新人，更好地为社会主义建设服务。

2.加强党的全面领导

坚持党的领导是办好社会主义大学的根本保证，当然也是做好教学和管理工作的根本保证。加强党对高校的全面领导，就是要坚持党委领导下的校长负责制，切实发挥党在高校治理中的领导作用、师生员工在高校治理中的主体作用；牢牢掌握党在意识形态领域的管理权和领导权，让中国特色社会主义理论体系和社会主义核心价值观真正进教材、进课堂、进头脑；加强思想政治建设，筑牢理想信念根基。保证和监督党的各项方针政策的落实，从而保证学校各项工作遵循党所指引的正确方向顺利开展。

3.明确培养与办学目标

目标本身就是一种方向，伟大的目标可以产生伟大的动力。被师生员工共同认定的奋斗目标，是师生员工为之奋斗的蓝图。它能把教职工凝聚成为一个具有统一意志和步调、具有鲜明的奋斗目标的战斗集体；它可以帮助和引导、指导高校教职工端正办学思想和办学方向。高校思想政治教育工作人员不仅自己要"吃透"培养目标，而且要引导教职工明确学校的培养目标，并且在此基础上提出切实可行的具有感召力、激励力的办学目标。

4.加强思想领导

人们的管理活动是受一定思想支配的。高校思想政治教育工作，既要管事，又要管人，但首先是管好人的思想，做好思想工作。只有在正确思想的指导下，把人的思想发动起来，才能有积极的、正确的行动，从而做好各方面的工作。

（二）整体性原则

育人为中心的整体性原则是指高校的思想教育工作是以培养全面发展的高素质人才为中心的整体系统的协调运动。这是由高校思想政治教育工作的总目标决定的，是对系统原理、整分合原理的反映。

整体性原则要求把高校看作社会的一个功能系统，要对影响高校的内部、外部诸因素，以及管理过程各阶段、各系统、各层次、各部分的工作，进行综合管理，做到整体把握、科学分解、重点突出、互相配合。这种配合必须是协调一致的，也就是要合理调配科学分工，有主有从，统筹兼顾，综合平衡。由于高校思想政治教育工作的根本任务是立德树人，因此必须围绕坚持社会主义办学方向这一根本要求，围绕培养全面发展的高素质人才这项根本任务来进行。

贯彻整体性原则，就必须做到以下几点。

1. 树立整体的观念

要明确高校思想政治教育工作是一个有机的整体。要从整体出发，处理好局部与整体的关系、当前与长远的关系、集中统一与分散灵活的关系、内部与外部的关系，据此制定明确的总目标，并为实现总目标制定出具体方案，分清主次、从属、轻重、缓急与先后，既明确中心任务又不忽略其他任务。

在高校思想政治教育工作中，不管是定计划、做决策、定制度，还是抓调整，都要胸有全局，服从整体。

2. 突出中心

思想教育工作千头万绪，错综复杂。进行思想教育工作就要学会"弹钢琴"，全力找出它的主要矛盾。高校思想政治教育工作必须以立德树人为根本，以理想信念教育为核心，以社会主义核心价值观为引领，以全面提高人才培养能力为关键。构建课程育人、科研育人、实践育人、文化育人、网络育人、心理育人、管理育人、服务育人、资助育人和组织育人"十大"育人体系，形成全员全过程全方位育人格局。

3. 加强思政工作的纵向和横向联系

就大学生的整个教育范围来说，它包括学校教育、社会教育、家庭教育等一系列要素的集合，这是一个大系统。学校思想政治教育只是其中的一个方面。这就要求高校思想政治教育工作者在思想教育工作过程中，不仅要把眼光放在学校内部，而且要向更大范围延伸，既要了解学生的家庭情况，需要与学生家长沟通及配合，还要组织学生进行社会实践，依靠红色教育基地、社会导师等社会资源对大学生进行教育。

（三）民主性原则

构建高校思想政治责任体系，实现全员育人，高校要重点抓好党政干部和共青团干部、思想政治理论课教师和哲学社会科学课教师、辅导员班主任和心理咨询教师等三支队伍建设，以三支队伍建设为代表带动全体师生提升思想政治素养，多点发力、形成合力、共同育人。

学校党委必须把管党治党、办学治校的主体责任牢牢"扛在肩上"。发挥好党委把方向、管大局、作决策、保落实的领导核心作用。充分发挥共青团在教育、团结和联系青年学生方面的优势，把育人贯穿于思想引领、校园文化、科技创新、社会实践、组织建设等各项工作中。实行思想政治理论课专任教师任职资格准入制。提高哲学社会科学课教师的思想政治修养，加强教师队伍的社会主义精神文明建设。按照政治强业务精纪律严作风正的要求，配齐配强配顺辅导员。将心理咨询师资队伍建设纳入学校师资队伍建设规划，重视心理咨询教师的专业培训工作。

实行民主性原则，这是实行科学管理、提高管理效率的必要条件。高校思想政治教育工作是一种复杂的创造性劳动，思想教育工作是一个庞大的系统工程，仅仅依靠管理者单方面的力量是远远不够的。任何有才能的领导干部，其个人才能与群众比较起来总是微不足道的，群众是真正的英雄。只有遇事相信群众，依靠群众，善于从人民群众中汲取智慧和力量，才能实行有效的管理。

（四）动态性原则

哲学观点认为：事物的运动发展是绝对的，静止是相对的。管理过程本身就是一个不断变化发展的动态过程。不仅管理对象诸要素，如人、财、物、时间、信息等，是不断变化发展的，而且它们之间的相互关系也在不断变化发展着。不仅系统自身在变化发展，而且与上一层次、同一层次的有关系统之间的相互关系也在变化发展。因而，管理过程的实质就是及时作出相应的调整来应对管理对象变化、发展的情况，以实现整体目标的过程。

由于管理的对象复杂、多变，因此管理工作也必须在变动改革中前进。改革的意义就在于调整关系、解决矛盾、克服弊端，增加适应新形势的能力。高校思想政治教育工作必须有促进改革的能力。贯彻这条原则，就必须做到以下几点。

1. 明确目标

当代科学技术发展异常迅速，知识扩展更新十分惊人。作为传授知识、创造知识的高等学校，要在急剧变化的社会、政治、经济、科学、技术条件下，保持经常处于科学技术前沿阵地的地位，就必须立志改革，使高校思想政治教育工作与社会国家的政治经济发展相适应，保持教育与科学、生产的紧密联系。

2. 解决新问题

动态原则要求用动态观点观察、处理问题。事物的发展总是从量变到质变，社会生产在发展，科学技术在发展，高校思想政治教育工作的主客观因素也不断地发展，这就必然会在管理过程中出现许多新情况、新问题，要求高校思想政治教育工作者经常深入调查研究，及时获取反馈信息，做出准确的判断和决策，采取有效的措施加以解决。

3. 保持工作的连续性与稳定性

动态性原则并不排斥相对稳定的特质。管理工作的发展，管理质量的提高，都要求有一个连贯的过程，以利于管理经验的积累和管理人才的成长。

（五）教育性原则

高校思想政治教育工作是为实现教育目标和任务服务的，它的中心工作是对人的指导，尤其是对学生的指导。高校首先是教育机构，又是管理机构。管理者同时是教育者，管理活动本身也是一种教育手段。教育性原则就是要求高校的每项工作、每个活动、各种设施都要对学生起到教育的作用，要求学校的每位教职工在教育方面对学生的全面成长和发展都要做到尽职尽责。

教育性原则是学校的特点和根本任务决定的，反映了学校管理工作与教育工作具有本质联系的客观规律。高校是培养人、教育人的场所，大学生的可塑性大，模仿性强，所以高校的全体工作人员，全部工作和整个环境，每时每刻都在影响学生。可以说高校的事事、处处都有教育。高校思想政治教育工作者要努力使管理工作与教育工作密切结合起来，并创造一切可能的条件，把高校办成社会主义精神文明的规范性阵地。

贯彻教育性原则，要求做到以下几点。

1. 管理方法具有教育性

高校思想政治教育工作的目的是实现培养目标，这就要求高校需要遵循青少年身心发展的特点，做好符合教育规律的管理工作。高校思想政治教育工作的一切措施、方法和活动，其出发点必然是"育人"，凡是不利于教育，损害青少年身心健康的做法都理应被制止。其中，要十分重视高校规章制度建设。

2. 管理者言行具有教育性

榜样的力量是无穷的。学校全体教职员工的言行无时无刻不在影响着学生。以身作则是管理者的风范，为人师表是教育者的职业要求，管理者的人格力量是管理成功的奥秘所在。因此，领导要为师生作出榜样。学校要重视职业道德教育，开展为人师表的活动，要求教职员工切实做好教书育人、管理育人、服务育人、环境育人，真正形成良好的校园环境。全体教职员工都应立足于自己的工作岗位，加强对学生的思想品德教育。

3. 学校环境具有教育性

高校思想政治教育工作者要关注学校环境和各种设施的规范性，努力维护有利于学生成长的物质和精神环境。物质环境顾名思义，维护主要是进行对脏乱差环境的净化和美化。精神环境是环境优化的核心，其实质还是要形成积极向上的良好校风、院风和班风。学校管理者一方面要正确认识和自觉利用道德环境先入为主的规律，积极加强与社会和家庭的密切联系，密切关注学校外部道德的变化，及时了解并预测可能对大学生的影响情况，共同防范消极因素的先入为主，争取积极因素成为先入的居主导地位的影响，从而变被动为主动。另一方面，要把德育影响渗透到其他教育和学校的各项工作中。环境对学生潜移默化的教育作用是不争的事实，高校思想政治教育工作者就更要将此放在心上。

二、新媒体时代高校思想政治教育的理念

（一）以人为本的教育理念

以人为本是科学发展观的核心，也是高校思想政治教育为了顺应时代的发展

而在教学实践活动中必须贯彻的一种崭新观念。将这一观念引入高校思想政治教育中，不仅很好地体现了科学化、现代化的发展观念，而且体现了高校思想政治教育的本质要求。

这一观念的贯彻对高校全面发展人才的培养有着关键性的作用和意义。

1. 坚持育人为首位

高校的根本任务是培养人。大学是实施高等教育的场所，是学生汲取文化生长养分的地方。

高校应坚持育人为本，如果人才培养和科学研究、社会服务站在对立面，只会让大学人才在未来的社会竞争中落入下风。而这源头恰恰就是对自我价值的思考，思想深度的升华的欠缺。

高校思想政治教育必须要秉持以人为本的理念，才能在资源配置、基本建设、教师评价、岗位聘任、文化建设上，实现正反馈调节。

2. 坚持以学生为中心

"以学生为中心"的教育思想源于古希腊，其核心价值观点指的是教育就是鼓励教师引导每个学生去发现存在于自己身上的真理，领悟美与善的真谛，最终促成学生的个性素养达到完善。具体来说，坚持"以学生为中心"的理念，就是要求本科教育能够为每个具有个性天赋的学生提供自我发展、个性化生长的优质教育平台，让每个学生都能在释放和张扬自身个性的基础上，主动地、快乐地投入到知识的探索、思考与学习中，不断建构知识的基础和发展各种素养及能力。

3. 坚持终身发展的思想

坚持终身发展的思想是对每一位学生的个体发展负责。这会公平惠及所有学生，通过鼓励、帮助、促进学生的个体发展进而培育学生成为社会优秀人才。坚持终身发展的思想体现了高校思政教育面向学生个体与面向学生群体的高度统一，体现了对学生眼前负责与对学生终身发展负责的高度统一，体现了对学生负责和对社会负责的高度统一。

4. 坚持学生主体地位

学生是权利主体。要把学生看作教育法律关系中的权利主体，把教育同尊重学生的知情权、参与权、表达权和监督权有机结合起来，提高学生主体意识和责任意识。

学生是行为主体。要把学生看作能动的、有创造力的行为主体，把外在引导与学生内在需求有机结合起来，充分发掘学生的创造潜能。

学生是生命主体。要把学生看作有血有肉、有情有欲、有生命尊严的生命主体，把知识传授与健康人格教育有机结合起来，帮助学生认识生命、珍惜生命、尊重生命、热爱生命。教育要唤醒学生的生命意识，捍卫生命的尊严，激发生命的潜能，提升生命的品质，实现生命的价值。

学生是发展主体。要把学生看作自主发展的发展主体，把学生成长成才与发展个性有机结合起来，真正以个性为主体构建人才培养模式。

5. 坚持教育的引导服务

在思想教育服务体系方面，提供思政教育，帮助学生解决思想问题和实际问题。

从学生具体事务和内在需求出发，坚持引导服务，管理和服务两手抓。保障学生能够满足成长成才的需要，对每个学生都要做到尊重、关心、教育和引导。让学生做到自主学习、高效学习，激发学生内在动力，为学生的成长成才创造有利条件，向教导型、服务型转变。关注学生在学习和生活中不同层次、不同方面的合理需要，实现服务最优化。

（二）开放育人的教育理念

高校思想政治教育构建开放育人观念的途径具体如下。

1. 确立开放的思政教育观念

当前，以全球化为主要特征和必然趋势，在全球化的形式和大背景下，高校思想政治教育环境、内容方面的开放性逐渐凸显，因而应加强对当代大学生进行开放性的思想政治教育。要将开放育人的观念更好地贯穿于高校思想政治教育工作中，首先应将观念的开放性和人际关系的开放性作为开放育人的基础。

在开放式条件的大环境下，高校思想政治教育同社会环境间的界限逐渐模糊，社会中的各种思潮都或多或少地在大学生身上有着不同程度的反映和体现，这就使高校思想政治教育的实效性处于经受实践选择和检验的状态，高校同社会的关系也处于共生、互动的新格局中。高校社会化的出现，对大学生的生活方式、交际方式、价值取向、社会方式等也产生了广泛且深远的影响，并使大学生的思想具有多元化的特点。那么，如何处理好大学生思想的多元化同社会主义意识形态的主导性间的尖锐矛盾就是当务之急。

在开放式条件的大环境下，高校思想政治教育应从大学生的实际出发，坚持主导性与多元性的有机统一。如果只讲主导性而忽略了多元性，会使高校的思想政治教育脱离实际或流于形式，阻碍主导性的发挥和实现。如果只讲多样性而忽视主导性，会使高校的思想政治教育与其正确的发展方向相背离。

2. 改革思政教育的内容和方法

将开放育人的观念贯彻于高校思想政治教育工作中，还应对高校思想政治教育的内容、方法进行改革和创新。具体可从以下三个方面着手。

第一，高校思想政治教育应强化对大学生创新意识、创业意识的培养。在知识经济社会的大环境下，经济和科技的竞争不仅表现为人才数量和结构方面的竞争，还表现在人才的创新精神以及创造能力方面的竞争上。将当代大学生培养成为兼具创造能力和创造性思想的人才，不仅是高校人才培养的目标和方向，而且是我国教育改革和发展的重点和方向。

第二，高校思想政治教育应对学生的自我教育、自我管理以及自我发展的意识给予足够的强化和重视。在开放式的条件和形势下，高校面临着一个以前任何时代都没有的、复杂的社会环境，如高等教育大众化、信息来源多样化、学生就业机制改革等。在这种复杂的形势下，要想做好高校大学生的思想政治教育工作就要综合考虑各方面的因素，如将教书和育人相结合、将政治理论与社会实践相结合，只有对各种因素进行全方位的综合考虑，才能给予学生更好的引导，使其不至于在复杂的社会环境中迷失方向。

第三，高校思想政治教育还应与市场经济条件下家庭情况分化这一特点相适应，应对以特困生为代表的特殊学生群体以充分的关注，便于学生家长和学校形成通力配合的关系去积极探索建立大学生家庭联系沟通机制，以此来促进高校思想政治教育水平的提高。

（三）全面发展的教育理念

人的全面发展理论是马克思主义学说的核心理论，马克思主义所有的学说和理论，归结到一点就是实现人的自由和解放，促进人的自由全面发展。思想政治教育是做人的工作，人是思想政治教育的出发点和落脚点。正确认识和梳理人的全面发展的科学内涵，是我们推动实现当代大学生全面发展的基本前提。

在高校思想政治教育中关注人的全面发展，就是按照马克思主义关于人的全面发展理论的要求，认真把思想政治教育与大学生的发展相结合，尊重他们的自由发展权利，促进他们的主体性可以得到更好发挥。依据大学生的个体差异性，选择恰当的教育内容、切实的教育方法、合理的教育进程等，是促进大学生在思想政治教育过程完善自我的必然要求。在新时代、新征程、新背景条件下，高校思想政治教育必须进行素质教育，把大学生的全面发展作为根本目标，提高学生的思想道德素质，培养综合素质和能力，帮助学生在做人做事上能做到高标准严要求；不能忽视学生的人文精神和科学精神的培育，高校要重视学校各种设施和环境的规范性，努力形成有利于学生成长的物质和精神环境。净化、美化物质环境，维护、引导精神环境。营造积极向上的良好氛围；推进通识教育的进步，密切关注学生的精神世界的建构，促进人的精神生活质量的逐步提升。

1. 深入推进素质教育

素质教育，是以全面提高人的基本素质为根本目的，以尊重人的主体性和主动精神，以人为的性格为基础，注重开发人的智慧潜能，注重形成人的健全个性为根本特征的教育。素质教育，是社会发展的实际需要，要达到让人正确面临和处理自身所处社会环境的一切事物和现象的目的。高校思想政治教育要遵循素质教育的理念，全面推进素质教育，加强大学生做人、做事、做学问的教育，增强学生的学习能力和实践动手能力。当前条件下，科学技术高度综合，学科交叉日渐明朗，从客观上要求大学生综合素质和创新能力的增强。国际 21 世纪教育委员会提出了未来教育的四个支柱，即学会认知、学会做事、学会共同生活和学会生存。高校思想政治教育要以深入进行素质教育为契机，以提升大学生的思想道德素质为核心，全面推动大学生综合素质与创新能力的逐步提升。青年是祖国的未来，是民族的希望。在任何一个时代中，青年都是社会上最富有朝气、最富有创造性，最富有生命力的群体。大学生需按照社会发展对未来人才的要求指导自己，前瞻性地提升自我的综合创新能力，培养提高自身素质适应社会对人才的要求。

2. 积极进行通识教育

在新时代背景条件下，随着我国经济社会的发展和物质生活水平的提高，人民群众的精神文化需求迅速增长，呈现出多层次、多形式、多样化的特点，文化消费能力大大增强，欣赏水平不断提高。从国际背景来看，不同的文化交流日益频繁，价值观的差异、伦理道德标准的不同以及信息更迭的速度都对大学生产生了不小的冲击。从国内形势来看，改革开放以来，我国社会经济成分、组织形式、就业方式、利益关系和分配方式日益多样化，人们思想活动的独立性、选择性、多变性和差异性日益增强。习近平总书记在党的二十大报告中提出，丰富人民精神世界是中国式现代化的本质要求之一。这是一个深刻的历史命题，它的提出不仅深化了我们对中国式现代化丰富内涵的理解，而且为我们建设文化强国指明了方向，具有深刻的理论意义和重大的实践意义。

人的精神世界的满足是人的全面发展的重要内容，人民精神世界是否丰富是衡量一个社会发展水平的重要标准，是否充分满足人民的精神需要是衡量一个社会是否能够促进人的全面发展的文化尺度。高校思想政治教育要贯彻通识教育的基本理念，特别是要关注新的历史条件下大学生精神生活的发展趋势和最大限度地满足他们的精神生活需要，帮助当代大学生积极构建充实的精神家园，明确人生的意义和价值，为实现其全面发展提供精神动力、智力支持和思想保障。通识教育思潮与通识教育实践产生和发展的一个极其重要的原因就在于对学生个体内在精神世界和生命价值意义世界的关注。通识教育强调基本知识、基本价值和基本技能的掌握，强调通过打好人生持续发展的根基，借助唤醒人的精神世界的追求来形成自觉学习、终身学习、自我管理、自主创新的自我发展意识与自我发展精神。

3. 科学和人文精神教育的统一

人文精神和科学精神如车之两轮、鸟之双翼，须臾不可分。科学精神的本质是求真求实，人文精神的精髓是求善求美。从价值论上看，人文精神和理论又为科学技术的进步提供思想、理论的指导和航向；从本体论上讲，科学精神和技术为人文各学科的发展奠定了物质基础和现实依据。

高校思想政治教育需要使人文精神教育和科学精神教育融合且协调统一。一方面，强调人文精神教育的首位效应，把大学生置于深厚的社会文化背景之中，借以帮助其焕发内在的精神动力，并帮助其应对心理问题。同时，要用目的理性和价值理性来导引工具理性和科学理性。高校思想政治教育应当与学生的学习生活融合。学习就是学生的精神生活，就是学生的生命活动，就是学生的精神和道德的成长过程。而且，要融入美育和情感教育；另一方面，要加强科学精神教育，使大学生学会学习、学会生活。总之，高校思想政治教育要通过在大学生中加强人文精神和科学精神的培育，积极营造大学生求真、向善、达美的良好氛围。

第二节　新媒体时代高校思想政治教育的内容

一、主导内容的教育

（一）理想信念的教育

大学阶段是大学生树立理想、坚定信念的关键时期，引导大学生树立远大理想、高远志向，是高校思想政治教育的核心内容。当代中国高校思想政治教育的实质就在于使大学生充分认识到中国特色社会主义共同理想的科学性，使他们认同并拥护中国特色社会主义共同理想，进而在全面建成小康社会的历史进程中奋发有为、建功立业。理想信念教育的基本内容应包括：马克思主义基本理论的教育、社会主义历史的教育、社会主义现实的教育、社会主义未来的教育。

1. 马克思主义理论的教育

培养大学生的理想信念，要坚定不移地进行科学理论教育。没有理论上的成熟，就不会有政治上的坚定和理想信念的坚定。马克思主义是"社会主义—共产主义"理想信念的理论基础。它为我们提供了科学的世界观以及认识世界和改造世界的立场、观点、方法，没有马克思主义，就没有"社会主义—共产主义"理想信念。大学生对马克思主义、社会主义信仰的确立，有一个由感性到理性的发展过程。只有在理性阶段，才会认识到马克思主义是真正的科学，从而把对它的信仰建立在科学认识的基础之上，这样的信仰才靠得住。

马克思主义是随着时代、实践和科学的发展而不断发展的，它既有普遍性原理，又有特殊性原理，还有一些在特殊情况下做出的个别结论。随着实践的发展，马克思主义理论中的某些个别结论会随着时代的发展而失去意义或被社会实践所修正；但马克思主义的基本原理，则是始终起作用、始终动摇不了的。既不能因为要坚持马克思主义的基本原理而坚持已过时的个别结论，也不能因为放弃马克思主义经典作家的某些个别结论而否定马克思主义的基本原理。有了这种认识，对马克思主义的信仰就会更加坚定。所以，进行理想信念教育必须首先加强马克思主义基本理论教育。

2. 社会主义历史的教育

教育大学生正确认识社会主义的历史有着非常重要的意义。大学生只有了解社会主义理论形成和发展的历史，了解社会主义运动的历史进程，对社会主义的历史作出合理的解释、得出合理的结论，才能认识到社会主义发展的历史规律，认识到历史的必然性和现实的合理性，增强对社会主义的认同感，坚定社会主义理想信念。

3. 社会主义现实的教育

现实社会主义与马克思恩格斯设想的社会主义理论之间有巨大的反差。现实社会主义作为共产主义实践的产物，曾有过辉煌的令人瞩目的时期。在 20 世纪下半叶，国内外出现了关于社会主义命运、现实社会主义历史定位、中国社会主义发展前景的大论争，社会主义国家面临种种质疑和挑战。因此，有必要对大学生进行正确认识现实社会主义的特征和地位，以及正确看待社会主义现实的教育，把握现实社会主义同马克思主义经典作家设想的社会主义社会的联系与区别，正确对待现实社会主义所遭遇的挫折和失误。这一系列难题的破解，不仅关系到对马克思主义的社会主义理论的坚持和发展，而且关系到改革的现实合理性及未来的发展方向，更关系到大学生对中国特色社会主义的信心问题。

第一，正确认识社会形态更替发展的规律。世界历史经验证明：任何社会形态的更替、发展都不是一帆风顺的。不论是封建制代替奴隶制，还是资本主义代替封建主义，都是私有制之间的相互代替，尚且经过了那么长期激烈的斗争。而现实的社会主义代替资本主义，不但要以生产资料公有制去代替资本主义生产资料私有制，而且要完成本应在资本主义条件下实现的工业化和现代化任务，它需要的时间会更长，斗争的反复性、曲折性要更大些。因此，对于社会主义应具备长期的战略眼光，不能因一个时期一些社会主义国家遭到挫折而沮丧，应当看到社会主义已从空想变成科学，已从理论变为实践，已开创了从社会主义走向共产主义历史航道的新纪元。

第二，辩证地、历史地看待中国特色社会主义建设中出现的问题。中国特色社会主义建设取得了巨大的成就，同时在社会经济生活运行中也出现了一些问题。这些问题使得不少青年学生、干部产生困惑。正确认识、分析和解决中国特色社会主义建设中出现的这些问题，就要求我们只能从中国特殊的国情出发，不能照搬照抄外国的模式，反对只从外国模式出发来分析解决中国问题的倾向。

4. 社会主义未来的教育

通过社会主义未来的教育，使大学生对未来发展趋势始终保持清醒的头脑，能够随时追踪国际形势的变化，了解世界社会主义发展情况及趋势，看清前途，看清社会各个阶级的发展方向。只有这样，他们才能不断地坚定"社会主义—共产主义"理想信念。

第一，科学地认识社会主义制度的优越性。从根本上看，社会主义的优越性主要表现在四个方面。一是社会主义相较于资本主义在生产力上的优越性。"集中力量办大事"是我国国家制度和国家治理体系的显著优势之一；二是社会主义的最大优越性是共同富裕；三是社会主义要在经济上赶上发达的资本主义国家，还要"在政治上创造比资本主义国家的民主更高更切实的民主"。社会主义制度保障人民成为国家的主人，建设和发展新型的社会主义民主政治；四是社会主义精神文明是社会主义制度优越性的重要表现。只有大学生正确地认识了社会主义制度的优越性，才能正确地看待社会主义的历史、现实和未来，进一步坚定"社会主义—共产主义"理想信念。

第二，正确进行共产主义理想教育。共产主义理想体现着无产阶级革命者的向往和追求，是无产阶级革命者强大的精神支柱，也是当代大学生社会主义核心价值观的崇高追求和远大理想。一是共产主义理想是科学与信仰的统一；二是共产主义信仰是理想和现实的统一。

（二）中国梦的宣传教育

中国梦的实现，需要国人为之不断奋斗。大学生是祖国的未来和民族的希望，是实现中国梦的生力军。加强中国梦教育，有助于增强大学生的社会责任感，为中国梦的实现增添力量。

中国梦的科学内涵是与中国共产党的当代使命相联系的。当代中国共产党人的一切奋斗，是为了实现祖国的富强、人民的富裕和民族的伟大复兴。当代中国人民的中国梦的基本含义是国家富强、民族振兴、人民幸福。

（1）国家富强是实现中国梦的前提

国家富强既包括物质的、制度的硬实力，也包括文化的、精神的软实力。国家不富强、军队不强盛、硬软实力不足，复兴也就无法实现。这就要求我们遵循党的基本理论、基本路线、基本纲领、基本经验、基本要求，不走封闭僵化的老路，也不走改旗易帜的邪路，坚定不移地走中国特色社会主义的道路，推进改革开放，一心一意谋发展，聚精会神搞建设，千方百计地解放和发展生产力，建设强盛中国、民主中国、文明中国、和谐中国、美丽中国，实现伟大梦想。改革开放 40 余年后的今天，国家富强的含义有着丰富的内容，主要包括经济富足和综合国力强大两方面内容。

（2）民族振兴是实现中国梦的核心

民族振兴就是要使中华民族屹立于世界先进民族之列。一方面，要实现经济发达、政治昌明、文化繁荣、社会和谐、生态良好，人民精神振奋、意气风发；另一方面，要提高处理国际事务和应对国际局势变化的能力。

（3）人民幸福是实现中国梦的根本

在新的历史时代，必须始终坚持以人民为中心的发展思想，不断促进人的全面发展、全体人民共同富裕。人民幸福是中国梦、民族梦、个人梦的聚集点，也是实现梦想的根本出发点和落脚点。要实现人民幸福，必须在发展中注重保障民生，多谋民生之利，多解民生之忧，解决好人民最关心的利益问题。在学有所教、劳有所得、病有所医、老有所养、住有所居上持续取得新进展，不断实现好、维护好、发展好最广大人民的根本利益，使发展成果更多、更公平地惠及全体人民。在经济社会不断发展的基础上，逐步实现全体人民共同富裕，实现每个人的自由而全面地发展。

（三）爱国主义的教育

1994年8月23日，中共中央发布《爱国主义教育实施纲要》对爱国主义教育的主要内容、教育基地的建设等做了明确规定。从历史到现实，从物质文明到精神文明，从自然风光到物产资源，社会生活的各个领域都蕴藏着极为丰富的进行爱国主义教育的瑰宝。要善于运用国情资料，并注意挖掘和利用各种宝贵的教育资源，不断丰富爱国主义教育的内容。

1. 中华民族历史的教育

我国人民的爱国主义精神是在中华民族漫长的历史进程中产生和发展起来的。国学大师钱穆先生在其《国史新论》的自序中写过这样一段话："诊病必须查询病源，建屋必先踏看基地。中国以往四千年历史，必为判断近百年中国病态之最要资料，与建设将来新中国唯一不可背弃之最实基础。"[1]从一个国家和民族的角度来说，学习历史的现实意义主要体现在两个方面：第一，研究历史有助于一个国家和民族更加深刻地理解现状；第二，研究历史有助于一个国家和民族更好地把握未来。学习近现代史，让学生了解先辈们浴血奋战反对外来侵略的艰苦卓绝的岁月，了解中华民族艰难困苦玉汝于成的精神图腾，特别是了解中国共产党领导全国人民为建立中华人民共和国而英勇奋斗的崇高精神和光辉业绩。

2. 优秀传统文化的教育

中华文化源远流长，博大精深。不仅在哲学、社会科学、文学艺术、科学技术上都有不凡的成就，其中也蕴藏着崇高的民族精神和民族气节。中华民族是一个英雄辈出的民族，中国历史上，灿若群星的英雄辉映着祖国的天空。浩如烟海

---

[1] 钱穆 . 国史新论 [M]. 北京：生活·读书·新知三联书店，2018.

的文学巨著，星罗棋布的历史典籍供养中华文明绵延不衰。这些丰厚的文化遗产是进行爱国主义的宝贵资源。

3. 党的基本路线的教育

党的基本路线就是总的政治路线，党的政治路线决定着政策和策略。党在社会主义初级阶段的基本路线是决定党和国家前途命运的生命线。党的基本理论、基本路线、基本纲领包含着丰富的内涵。随着实践的发展，必须不断深入地加以理解。只有在深化理解的基础上，才能真正把握它们的精神实质，从而提高坚持它们不动摇的自觉性。

4. 中国国情的教育

国情教育要放在整个世界环境的大背景下进行，要同市情、县情的教育结合进行。

要帮助学生系统地了解我国经济、政治、军事、外交，以及社会、文化、人口、资源等方面的历史与现状，了解我国现代化建设的目标、步骤和宏伟前景，并在我国和世界其他各国的对比中，看到我国的优势和劣势，增强学生的使命感和社会责任感，更好地发扬艰苦奋斗、勤俭节约的创业精神。

5. 社会主义民主和法制的教育

我国的宪法和法律是广大人民意志和利益的体现，用社会主义民主和法律的基础知识来教育年轻后代，使他们从小就受到民主的训练和守法的教育，懂得和善于履行社会主义公民的权利和义务，增强法制观念，养成自觉遵守法律的行为习惯。在正确行使宪法和法律规定的公民权利的同时，也要忠实履行宪法和法律规定的公民义务。要通过社会主义民主和法制教育，帮助学生了解我国的政治制度、经济制度和其他各项制度，增强国家观念和主人翁意识。

6. 国家安全的教育

国家安全教育就是对公民进行国家安全意识、国家安全观念、国家安全知识和自觉维护国家安全的教育。对于当代学生，高校思政教育也要根据新时期的特点，重视学生的现代国防教育，增强学生的国防意识和国家安全意识。加强国家安全相关法律知识学习，筑牢思想防线，树立维护国家安全、保守国家秘密、人人有责的观念。

7.民族团结的教育

新时代做好民族工作的中心任务在于深化民族团结进步教育，铸牢中华民族共同体意识，加强各民族交往交流交融。民族团结是我国各族人民的生命线，铸牢中华民族共同体意识是实现民族团结进步的基础。学校是铸牢中华民族共同体意识的主阵地，民族团结进步教育又是筑牢中华民族共同体意识的基础性事业。因此，在学校持久深入开展民族团结进步教育具有重大现实意义。

二、媒介素养教育

在加深人们对新媒体传播资源的理解和享用的基础上，提高施教者和受教育者理性看待、科学审视以及批评新媒体的能力，使之能够更多地利用媒介资源完善自我、服务教学、发展社会。

（一）提升思想政治教育工作者的媒介素养

思想政治理论教育工作者属于教师队伍中的特殊群体。教育工作者是为了培养学生的思想、精神以及人格，而不仅是为了传授知识和技能；不仅要着眼于学生确定信仰、塑造价值观，还要关注学生个体精神的成长；不能局限于学校教育，同时还要密切地与社会发展相结合。在新媒体环境下，要不断地完善、提高思想政治理论课教师的媒介素养，这也是思想政治理论课教师做好教学工作的重要前提。

1.加强师资的媒介素养教育培训

为了能够在短期内培养出一批满足岗位需求的师资队伍，要创新师资的培养方式。一方面，选拔出一些教师，将他们集中送出去，进行在岗进修与培训，并将这种培训作为现行教师专业发展中的一部分；另一方面，对他们每年都进行一次集中培训，纳入相关的考核标准中，并促使这种做法朝常态化、制度化方向发展，以便不断地更新教师的教学理念。

同时，要采取一系列的措施，充分调动他们的积极性，激励他们的探索精神，通过摸索，不断地积累经验，从而提高整体高校师资的媒介素养水平。

2. 构建高校教师媒介素养教育的内容体系

高校教师的媒介素养教育主要是针对教师的群体和职业特征开展的。对于高校教师团队来说，特别是一些青年教师，由于长期接受过较好的学校教育，拥有很高的学历，对于现代的信息技术的接受程度、关注程度以及认可程度都比较高，具有一定的媒介素养。

此外，高校教师在与学生进行教学互动的过程中，实际上处于一个"意见领袖"的地位，教师本身对媒介本质及其特点的认识、批判和使用程度都会直接影响到大学生的行为举止，具有极强的示范作用。因此，高校大学教师的媒介素养教育必须具有极强的针对性。

第一，提高大学教师的媒介意识和认知能力。媒介意识是指对媒介的性质、特点以及作用具有的关注程度和敏感程度；认知能力则是指大学教师对媒介拥有的"环境监视、社会协调、社会遗产传承"等正面功能，以及媒介创造拟态现实等功能的认识。同时，要意识到媒介素养教育对于教师专业发展的不可替代性。

第二，培养大学教师多层次的媒介素养能力。主要包括三个层面的认识：首先是认识并掌握媒介的概念、种属、功能、使用规律等基础知识，尤其要掌握教师教学活动中经常使用的基础媒介工具，如 PPT、多媒体制作工具等；其次是使用媒介从事教学活动时，掌握媒介特点及其相应的规律，批判性地认识媒介的作用；最后是强化媒介为我所用的意识，强调与媒介关系中人所处于的主动性和主导地位。

第三，正确辨析媒介素养教育的内容与教育技术教育的内容之间的关系。在教育过程中，要避免将高校教师媒介素养简单化，不能将其理解为教育技术教育，而是在教育技术教育的基础上，实现更高层次的提升。

在新媒体时代下，不仅要加强培养高校思想政治教育工作，还要建立起一支既懂思想政治教育，又懂网络技术，拥有良好网络媒介素养的思想政治教育工作者队伍。对于高校思想政治教育工作者来说，要与时俱进，深入网络社会中了解传统教育与现代教育之间的区别，尽快熟悉和掌握常用的网络技术，不断提高自身的媒介素养。

具体来说，教育工作者要具备媒介的基本理论，深入大众传媒内容的生产流程和传播特点，对媒介信息做出判断与评估，并充分了解大学生的网络话语体系，掌握丰富的网络信息和知识，建立起较强的网络社交能力。只有这样，高校思想政治教育工作者才能与大学生展开深入交流，在交流中对大学生进行有效的引导，从而提高高校思想政治教育工作的实效性。

（二）提升大学生的媒介素养

科学技术的快速发展改变了人们的生活方式，尤其是网络使用最为广泛和活跃的大学生。新兴的媒介形式的产生对大学生的思想观念、思维方式、道德素质等产生了或多或少的影响。因此，如何提高大学生的媒介素养是一个迫在眉睫的难题，要使大学生能够正确地运用和利用新媒体技术，从中获益并且不断地提升自己的能力，掌握这个技术，而不是被技术所操控，成为技术的奴隶。

1. 发挥大学生网络媒介素养的主导作用

高校是媒介素养教育的主要场所，对于大学生媒介素养的提升具有很重要的作用。高校在开展媒介素养教育时，要有组织、有计划、有步骤地开展相应的活动，结合思想政治教育开设的课程，创新教育教学模式，加强媒介素养教育相关课程体系的建设以及师资队伍的建设，为媒介素养教育的开展提供可靠的保证。由于我国的媒介素养教育水平整体上较低，为了提升大学生的媒介素养，必须更加重视，积极行动，逐步推广，以适应时代的需要。

（1）开设关于媒介素养的相关课程，增强媒介素养意识

随着网络的不断发展和普及，媒介素养教育的重要性日益明显。由于我国媒介素养教育起步较晚，因此媒介素养教育还没有得到广泛的实施。目前，我国有一些学校开设了媒介素养课程，但是从整体上看，远远不能满足当今社会的需要。高校作为教育机构，首要任务就是要开设媒介素养的相关课程，顺应时代的要求，向学生灌输媒介素养知识，奠定坚实的理论基础，使学生在实践中更好地应用媒介。

高校思想政治教育应该与媒介素养教育寻找相关的契机，高校思想政治教育机构应该给予媒介素养教育相应的帮助，可以采取指导、咨询、合作、研讨班等形式进行，促进高校媒介素养教育进一步发展，使得媒介素养教育的发展符合国家的要求。

通过媒介素养课程，可以使学生切实了解媒介信息的制作和传播过程，进一步加深学生对网络特征的认识，通过系统的学习，增加对网络媒介素养的全面认识，为自身媒介素养的提升打下坚实的基础。

（2）加强校园媒介建设，重视实践教育的开展

由于媒介在发展的过程中变化较快，要使学生能够正确认识和了解新的媒介信息，学校应该提供相应的媒介设施，以有效加强校园媒介建设。高校媒介素养教育理论都是为了能够提升大学生的媒介素养，能够使大学生在日常的生活中正确对待媒介、利用媒介。

高校作为媒介素养教育的主要场所，应该有组织、有计划、有步骤地开展针对大学生的媒介素养教育，并开展各种实践活动。每个学校都具有一定的媒介资源，如校园网、广播、校报、官方网站等，这些都是可以利用的网络媒介资源。教师可以带领学生们亲自参与到这些活动中，切身体会媒介信息的制作和发布过程，提升自身的媒介素养。

学校还可以举办树立网络媒介素养意识、普及网络媒介素养知识、提升网络媒介素养能力和道德等方面的学习活动。例如，可以开展相关主题的辩论赛和知识竞赛、网页的制作和评比、网络征文和网络创意等网络能力和网络素质的竞赛活动，进而提高大学生的网络媒介综合素养。另外，高校可以同网络媒体进行合作，给大学生提供更多参与媒介实践的平台。

2. 促进大学生自身媒介素养的提升

媒介素养教育就是为了提高大学生的媒介素养水平，这就要求大学生不仅要在课堂上学习相关的媒介素养知识，在课后也要加强自我学习。大学生媒介素养的提升本身就是一个不断探索、不断实践的过程。需要大学生自觉学习，自我教育是提升大学生媒介素养的有效途径。

（1）加强正面引导，提高学生的媒介素养

部分学生对于媒介信息缺乏思辨与选择能力，某些通过互联网等载体传播的个人主义、拜金主义、享乐主义等错误思想，不同程度地影响了学生的思想道德建设，这些潜在威胁阻碍了学生的身心健康成长，也让部分掌握网络话语权的自媒体，以不同形式和程度对学生思想道德建设进行错误渗透。长期接受错误思潮

影响的学生是无法建立正确价值体系的，因此加强对学生社会主义核心价值观教育值得深思。高校作为网络媒介素养教育主阵地，有义务对他们进行教育，要潜移默化地教导他们注重德智体美劳的全面发展，使其树立正确的人生目标。学校应该加强党的方针政策和先进文化的宣传，引导大学生在网络中汲取营养，陶冶情操，增强自觉抵抗不良文化的能力，从而帮助他们健康成长。

（2）树立自我教育理念，提高网络媒介的运用能力

媒介素养教育就是教育大众具有批判性地观看、收听并解读影视、广播、网络、报纸、杂志等媒介所传输的各种信息的能力，包括质疑、欣赏以及回应和利用媒介的能力，以及使用宽泛的信息技术来制作各种媒介信息的能力，

在当前复杂的信息传播语境与格局中，对大学生进行媒介素养教育，提高他们的媒介批判能力与意识，既是大学生自我成长成才的需要，也是使他们成为信息时代合格公民的需要；既是高校的素质教育工程，也是社会需求。学生也要加强自我学习，媒介素养教育既要外加，也要内化。最高目标是人人自觉运用媒介服务、完善和发展自我，并以此构建健康、和谐的媒介环境。

（3）培养大学生网络媒介的自律能力

由于网络具有开放性和匿名性，因此一些大学生在网络社会中容易误入歧途，迷失自我，沉溺于网络世界，纵容自己做一些有违道德和法律的事情。网络犯罪、网络诈骗、网络黑客以及网络人肉搜索等不好的事情时有发生。因此就要求学生具备良好的网络自律能力，拒绝接受网络中不好的东西，健康快乐地成长发展。

网络大千世界无奇不有，信息技术的发展也可谓一日千里。面对庞杂的网络环境，自制力不强的同学很有可能陷入不良信息的陷阱中，网络具有虚拟性，这也助长了侥幸心理的滋生，导致学生沉溺于网络世界，甚至行走在道德与法律的边缘。这需要学生端正自己的态度，提高对自己思想道德的要求，约束规范自己的行为。

三、网络道德教育

网络给人们带来巨大便利的同时，也带来了负面的影响，出现了很多网络道德问题。每个网络用户和网络社会成员享有平等的社会权利和义务，他们都被给

予某个特定的网络身份，即用户名、网址，每一个成员都应当受到网络道德规范的约束。大学生是网民中最活跃的群体，必须规范这一群体的网络道德行为，增强他们的网络道德意识，奠定网络文明的基础。

（一）提高网络道德自律意识

大学生要树立起正确的价值观和道德观，才能在复杂的网络世界中形成正确的价值判断和情感判断，才能面对网络良莠不齐的信息内容时，形成分析、辨别和评价的能力，自觉抵制网络不良信息，才能增强在网络世界中的自我控制能力，而不沉溺于网络，不迷失自我，才能合理利用网络提升自我，而不利用网络进行不道德行为。

大学生要增强道德自律意识。一个人只有具备了健全的道德自律意识后，才能对自己的价值有正确且全面的认识，才能进行自我控制，在作出一些行为决定时会首先考量自己的行为是否符合自己的价值观念，才能在面对网络世界中的善恶、是非时作出正确的判断，并用道德约束自己的行为，不受网络是非的影响。所以，道德自律意识的培养是一种必然选择。高校要组织丰富多彩的校园文化活动，如开展主题思想教育活动，以增强学生爱国主义、集体主义、社会主义意识，形成正确的世界观、人生观和价值观；开展科技创作活动，以提高学生的创新素质和实践能力；开展学术讲座、学术研讨和学术交流活动，使大学生增长知识，拓宽视野，以提高大学生的人文素养和科学素质；开展丰富多彩的校园文化艺术活动，为广大青年学生提供施展才华的机会和舞台；以社团为载体，开展丰富多彩的活动，为大学生提供一个展示、锻炼、提高、发展自己的舞台；开展以扶困助残、慈善抚恤、感恩社会为主题的社会实践活动，培养大学生的道德情感。高校要开设网络道德教育课程。为了让大学生更好地接受德育理论，帮助大学生树立网络道德意识，让其自觉维护网络秩序，遵守网络规则，高校可以借鉴国外的做法，在向大学生介绍网络科学技术知识的同时，要把网络道德教育引入课堂。例如，美国杜克大学开设了"伦理学和国际互联网络"，麻省理工学院开设了"电子前沿的伦理与法律"，普林斯顿大学开设了"计算机伦理与社会责任"。在我国，高校思想政治理论课是高校德育的主渠道，所以思想政治理论课开课部门可以另外开设网络道德课程，开展网络道德和法制教育，提高大学生的网络道德水平，增强大学生自律、自重意识，提高大学生对假、丑、恶的分辨能力，有效避免大学生网络道德失范现象的产生。

高校要建立高素质的网络德育工作队伍。百年大计，教育为本。教育成功的关键在于优秀的教师。由于大学生身心还不成熟，因此需要教师的正确教育引导。为了切实做好大学生德育工作，高校要建立一支高素质的网络德育工作队伍。这支队伍不仅要包括高校思想政治理论课教师，还要包括高校管理者即院校职能部门领导、班主任、辅导员、学生骨干、专家教授、青年教师。这支队伍要具有较高的政治理论水平、全面的知识结构，既要有自己专业领域的知识，又要有网络专业知识和操作技能以及教育学、心理学等全面的知识体系。通过这支队伍，解释有关政策制度，引导校园网络舆论，对校园网络文化进行全方位、多层次、多角度的建设和管理。这支队伍要经常和学生们接触，关心爱护学生，了解学生的所思所想，密切注意学生的思想道德和行为变化，对学生心理上的困惑要及时给予科学的指导，对学生出现的不良行为要及时疏导。

第三节　新媒体时代高校思想政治教育的建设路径

一、促进理论课教学实效性的提高

习近平总书记在全国高校思想政治工作会议上的讲话是中国特色社会主义教育理论的又一重大创新成果，也是中国特色社会主义理论体系的最新成果和马克思主义中国化的最新成果，为办好中国特色社会主义大学、做好新形势下高校思想政治工作明确了一个方向。"莲发藕生，必定有根"，高校思想政治工作的主渠道是课堂教学。习近平总书记强调，教师要回归课堂，要用好课堂教学这个主渠道。[①] 思想政治理论课要坚持在改进中加强、在创新中提高，要提升思想政治教育亲和力和针对性，满足学生成长发展需求和期待。其他各门课都要守好一段渠、种好"责任田"。要使各类课程与思想政治理论课同向同行，形成协同效应。

---

① 冯刚.思想政治教育研究热点年度发布 [M].北京：团结出版社，2020.

（一）创新教学方法

1. 互动式教学法

"互动式教学又称'交互式教学'，是教师的'教'与学生的'学'的统一，是指在课堂教学过程中通过围绕教学目标设计教学任务，采用辩论演讲、小组学习、专题讨论、社会实践等师生共同参与的方式，以学生为中心进行教学，改变单纯接受式的学习，强调发现学习、探究学习、互动学习。这种教学方式体现了'以人为本'的创新教育教学理念。"[①] 互动式教学法具有交互性、民主性、双主体性、多向度性、灵活多样性和情景交融性。随着互动式教学法在思想政治理论课的广泛运用，各种具体操作方法不断推陈出新。根据教学主体关系、具体教学场所等方面的不同，有不同的创新做法。

2. 案例教学法

案例教学法是过去几十年中教学方式发生的革命性变革成果，其实质是由教师讲授向学生参与转化，其目的是不断提升学生的综合能力，其中包括分析问题和解决问题的能力、创新能力与合作能力等。案例教学法鼓励学生在课堂教学中的参与性，鼓励学生从多角度提出假设，追求问题解决的多元化。

案例教学法经过几十年的发展，虽有一定方法、规则，但在操作方法上并不存在一套固定不变的操作规程，通过研究发现，其实施步骤在各国、各学科、各教师的教学中存在着不同程度的差异，但是，围绕案例教学的主题精神，人们对案例教学总程序还是基本达成共识的，即"课前案例准备—课中案例讨论—课后案例反思"三大步骤。这个操作规程作为总原则起一个指引方向的作用，不同的教学主体依据各自的教学背景可以进行不同程度的创新发展。

（二）强调实践教学

实践教学链是在教学活动立德树人过程中，学生从进入实践教学场域，接受相关课程内容教学，经由"观、听、访、演、帮、思"达到教学目标的整个教学周期的连接链。这是具有连锁、咬合、啮合的属性，形成环环相扣、节节相连、各有功能的实践教学链。

---

① 李晓晴，王艳. 在哲学原理课中运用互动式教学的思考 [J]. 教育探索，2005（12）：67-68.

1. 观

实践教学是相对于理论教学而言的教学活动，是教学任务的一个环节，但两者既相互联系又各有其独立性。在平常的教学活动中，教师往往作为观察主体，观察学生在实习、演习、参观见习、社会调查、实验、操作、操练、作业、毕业设计等活动内容中的表现，通过分析、归纳、总结，探寻规律，深入研究，并运用科学的方法，改变教学策略，进一步进行教学实践，以取得更好的教学效果，以此了解学生的心理特点和变化。这是一种客观的观察法。

我们主要强调以学生为主体的观察即自我观察，是在实践教学中从学生的视角出发，以主动观察到教学计划所期望设计的内容为目的，然后教育工作者在学生对"观"的反馈中发现问题，找出解决方法，以促进教育工作和活动的有效施展，并提高学生自身的学习与实践能力。

实践活动自然强调实践，在实践中教与学。"观"在实践教学活动中是指学生通过感官和辅助仪器，有目的、有计划地对处于自然状态下的客观事物进行系统考察，从而获取经验事实、体会活动意义、最终获得心灵启迪的一种实践教学方法。

在实践教学活动中，教师应该给学生必要的指导和提示，同时学生本人做出自我观察与分析的口头陈述，这样可以将客观观察与自我观察结合起来，提高观察的效果。

2. 听

在"观、听、访、演、帮、思"的六步教学法中，"听"的含义也就是听报告，指听取基层优秀干部以及其他社会主义事业建设者的优秀代表人物事迹，深入了解中国特色社会主义事业发展的缩影，不断坚定学生对于中国特色社会主义事业的信心，逐渐加强学生对于中国特色社会主义的热忱，最终达到思想政治教育理论课的目的。

3. 访

"访"的含义极为丰富，多达 11 种。此处仅列 3 种。（1）询问、调查：访贫济困，查访，采访。（2）探望：访亲会友，探访。引申为寻求，访求。（3）查、侦查：明察暗访。

在实践教学中，与"访"意思最为接近的、较多出现的关键词按出现频率分别是："采访""访问""参访""观访""探访""拜访""走访""访谈对话""调查访谈""问卷调查""调研得知""咨询""口头询问""了解得知""交流互动""沟通交流""走街串巷得知"。大学生思想政治理论课实践教学环节中的"访"一般以"访谈对话"或"问卷调查"等实践形式存在，"问卷调查"其实质也是将"访"的内容书面化和格式化，本质还是"访谈对话"。因此，可以通过这些内容将大学生思想政治理论课实践教学环节中的"访"定义为："访"的主体是在一定研究目的的指导下，通过有计划地与被访对象进行口头交谈，以直接接触、直接交谈的方式来进行实践教学的方法。"访"的过程是实践性与物质性、科学性与艺术性的统一。

4. 演

实践教学中的"演"主要有两种方式：一种是在社会实践中自身表现的角色定位，这是一种间接表演；另外一种就是文艺表演，这是直接表演。从社会实践教学本身来说，它可以被看作一种表演。实践教学即通常意义上的离开学校、深入生活，是在学习运用专业理论知识的基础上，接触社会、参加社会活动的一种行为。社会实践参与者的行动时间是一致的、在队伍中的分工是不同的，队伍中的每名成员的行为都影响着此次社会实践队伍给社会群众或者单位留下的印象，每名成员的行为都在一定程度上代表着他们所在学校的精神面貌，所以在实践过程中，每一个参与者都对自己有非常

明确的角色定位，在与社会的接触交流中，会有一种表演的成分在里面，尽管这种表演有时候是无意识的。从社会实践的形式来说，社会实践参与者准备的节目、实践指导者和协助者的发言也是一种表演。

5. 帮

在"观、听、访、演、帮、思"的六项教学环节中，"帮"的含义也就是学生们到实践教学点的农民家里帮扶空巢老人与留守儿童，开展家电维修、计算机技能培训，探索利用互联网平台促销农产品等，以此培养大学生吃苦耐劳的精神、增强其责任心等。

6. 思

在"观、听、访、演、帮、思"这六个教学环节中，"思"的含义也就是学生在进行了一系列的实践活动后或对正在进行的实践活动做出思考、悟出道理，以方便指导自己以后的学习和生活。"思"在实践教学中通过以下两个步骤来展现其含义：第一步是对前五个环节活动的思考、反思、总结三个过程；第二步是对自己未来的计划与安排，具有周密、全面、深刻的特点。

二、积极建设校园文化

大学是优秀文化传承的载体和思想文化创新的高地，在提高国家文化软实力、实现中华民族伟大复兴的征程中大有可为。作为文化自信的践行者、引领者和承载者，高校应始终把文化作为立校传承与发展创新的重要根基。"以文化人、以文育人"不仅是一个时代命题，也是高校落实加强和改进思想政治教育工作战略任务的重要内容。

校园文化实际上就是除了课堂以外的所有的与教师和学生相关的教育活动。校园文化是一个内容复杂、形式多变的综合体，文化环境、道德关系、思维活动以及人际关系都有可能成为校园文化的一部分，从而直接或间接地对教师及学生产生影响。

校园文化是高校不可或缺的一部分，它是在长期教学与实践过程中逐渐形成的具有自身鲜明特色的标签，更是彰显该校学生思想观念区别性的重要标志，是学校最生动、最鲜明的名片。

高校校园文化对于大学生的思想观念、价值取向和行为方式有着潜移默化的影响，具有重要的育人功能。为此，要努力建设体现正确办学方向、具有浓郁学校特色、为广大师生喜闻乐见的校园文化，为大学生的成长成才创造良好的文化环境，实现校园文化的繁荣发展。

（一）将主流价值融入校园文化

在中华民族几千年绵延发展的历史长河中，爱国主义始终是激昂的主旋律，始终是激励我国各族人民自强不息的强大力量。党的十一届三中全会以来，国家领导人曾多次发表各种形式的讲话，号召全国各族人民大力弘扬爱国主义精神。党的十八大以来，习近平总书记曾经多次强调以爱国主义为核心的民族精神在中华民族发展史上和实现中华民族伟大复兴中国梦过程中的重大作用，号召全体中华儿女弘扬伟大的爱国主义精神。在中央政治局第二十九次集体学习中，习近平总书记指出："伟大的事业需要伟大的精神。实现中华民族伟大复兴的中国梦，是当代中国爱国主义的鲜明主题。"① 在这方面，中南大学国旗班多年筑梦路的事例带给我们很多启迪。中南大学国旗班成立于 1996 年，至今已有 27 年历史，共发掘培养队员和优秀骨干两百余人。国旗班从基础做起，从每一名成员做起，严格训练，率先垂范，打造了一个持续传承爱国志、发扬爱国情的优秀集体。国旗班以升旗为己任、以训练为习惯，坚持"周日辛苦训练、周一按时升旗"的优秀传统，班导师对每次训练进行现场指导，对每次升旗进行现场组织，风雨无阻，从来没有间断过。多年来，中南大学国旗班已累计完成上千次升旗任务，每年参加国庆节、开学典礼、毕业典礼、校运会等重要节日和大型活动升旗仪式数十场，得到校领导和广大师生一致好评。此外，历届国旗班队员二十年如一日地在广大青年和学子中开展深入、持久、生动的爱国主义宣传教育，让爱国主义精神在广大青少年心中牢牢扎根，使爱国主义精神传承实现以点到面，呈辐射状向周围扩展。

中华优秀传统文化中积淀的文化精髓、革命文化中流淌的红色基因、社会主义先进文化中传播的核心价值观，这些经过历史和实践总结凝练出的精神文化具有很强的生命力，是开展高校校园文化育人工作的重要精神源泉。高校校园文化育人不能脱离大学本身的精神文化要素。例如，长期积累下来的办学宗旨、学校校风、精神文化、大学使命等，这些具有独特性、历史传承性的精神文化是文化育人中的生动素材。要将精神文化与主流价值融合，结合学校自身文化特征，形成大学特有的精神文化表达，从而进一步增强全校师生的责任感和使命感，也进一步成为社会各界认识学校、了解学校的重要途径，强化学校的社会影响力和文化辐射作用。

---

① 蓝汉林. 新时期弘扬爱国主义精神的思考 [J]. 思想理论教育导刊，2016（06）：124-126.

（二）增强师生的凝聚力

1. 坚持以学生为本

"以文化人、以文育人"，必须充分尊重学生的个体差异性，加强学生的主体意识培养，以饱学之士、浩然之气让学生感悟文化，引导青年学子崇尚科学、追求真理、胸怀世界、服务全人类。在社会实践、志愿服务、择业就业等环节，培养志存高远、服务国家、奉献社会的文化，引导更多毕业生到基层去、到西部去、到祖国需要的重要行业和关键领域中去，把个人价值的实现和国家需要、社会期望有机结合起来。

例如，华中科技大学连续十年实施"公德长征"大学生公民素质提升计划，对加强学生爱国主义教育、增强大学生的公德意识起到了积极的推动作用。十年间，华中科技大学以公德建设为主体，以长征精神为灵魂，以爱国创新为重点，先后组织开展了"为烈士寻亲""衣援西部""重走长征路"五百余场主题活动，共有近十万名学生积极参与，发挥了道德示范和辐射作用，弘扬了中华民族优秀传统文化和优良革命传统，在培育和践行社会主义核心价值观过程中发挥了良好作用。

2. 坚持育人为本、德育为先

"师者，人之模范也。"教师的职业特性决定了教师必须是道德高尚的人群。①高校应建立体现优秀办学传统且与世界一流大学和中国特色社会主义大学发展目标相适应的教师文化，增强广大教师的归属感、荣誉感以及自豪感，通过加强教育管理和纪律约束，引导教师成为学高为师、身正为范的践行者，推动形成崇尚精品、严谨治学、注重诚信、讲求责任的学术品格和优良学风。要加强师德师风建设，将师德师风列为教师考核的重要内容，在职务晋升、评奖评优、出国进修、录用新教师等工作中，实行师德师风"一票否决制"；大力宣传教学名师、师德标兵等先进典型事迹，带动教师队伍职业道德水平不断提高。在教师入职教育、理论学习中加强校史校情教育，传承和弘扬学校的办学传统，发挥文化的熏陶和影响作用。要完善青年教师导师制度，遴选一批作风优良、师德高尚、教书育人的典范作为导师，发挥传、帮、带作用，让青年教师可以快速融入校园文化，提

① 习近平. 做党和人民满意的好老师 [N]. 人民日报，2014-09-10（002）.

高文化归属感。要加强教师的科学精神和人文精神教育，通过理论学习平台、专题研讨会等形式加强理论学习。加大教师在职培训的力度，丰富和完善学习培训形式，拓宽教师学习途径，不断更新教师的知识体系，提高教师的人文素养和科学素养。

（三）丰富文化育人的载体

1.强调文化符号的表达

学校的文化符号可以凝练出很多，如校徽、校旗、校名（字体、书法）、校训、校歌等。

首先，挖掘校徽、校旗、校训、校歌相关的文化内涵。要进一步挖掘、宣传校徽、校旗、校训、校歌的文化故事，规范校徽、校旗、校训、校歌的使用。可以通过报道、标识、宣传品、校训墙、演讲、书法等文化活动传播校训的文化内涵，以及拍摄校歌 MV、举办新生合唱比赛等活动促进师生及校友对校歌的认知和传唱，使师生加强对学校的认同感和归属感。

其次，形成学校专属的视觉识别系统。制作发布系统的、统一的视觉符号系统来打造学校的品牌识别形象，通过对标志、标准色、专用字体等"基础规范"以及办公事务、宣传识别、户外环境系统等"应用规范"的统一，形成学校固有的视觉形象。

最后，打造文化衍生产品，增加传播载体。加强多方合作，推出有学校专属文化符号的校园纪念品，丰富学校文化的传播载体。进一步建设校园纪念品文化空间，形成校园文化新地标。

2.挖掘文化活动的内涵

持续打造学校学术讲座品牌，邀请知名学者、杰出校友、学术大师、社会名流等登上学校讲台，梳理并整合对学术讲座的引导和管理制度，强化讲座品牌的规模效应和集群效应，提高学术讲座的知名度和影响力。同时，规范升旗仪式、开学典礼、毕业典礼、颁奖仪式等庆典仪式的程序及基本礼仪，发挥以史育人、仪式育人功能，传播主流价值理念，增强师生对学校文化的认同感和神圣感；精心设计校庆等重大纪念日活动，赋予其丰富的文化内涵，使之成为文化建设的有效载体。大力弘扬健康工作、健康生活理念，积极开展师生校运会等各类特色鲜明的群众性的问题活动。

（四）借助新媒体平台，增强文化育人效应

一方面，要加强对各类校园媒体的支持和引导，办好一批师生喜爱的校报、简报以及各类院刊等平面媒体，提升报刊的品位和质量，定期在学校海报栏和橱窗就相关专题进行展示，牢牢确立校园文化的主流和方向。另一方面，要完善网络媒体，重视网络的宣传作用，加强学校主页特别是英文主页建设，利用微信、微博等新媒体沟通师生、引导舆论，扩大传播范围；要积极建设校园媒体队伍，提供各种形式的文化传播途径。持续发挥高校在网络文化建设领域的先发优势和经验优势，高度重视网络文化建设，注重师生网络文明素养提升，充分发挥网络文化育人功能。培养一支优秀的网络文化工作队伍，建成一批优秀的网络文化工作平台，培育一批优秀的网络文化品牌项目。

高校是推进革命文化坚守弘扬、推进中华优秀传统文化传承创新、推进社会主义先进文化繁荣发展最重要的前沿阵地。贯彻落实全国高校思想政治工作会议精神，坚定社会主义文化自信，目标是使大学生树立"民族魂""中国心"和"爱国情"。加强和改进新形势下大学生思想政治工作，校园文化既是"显微镜"，也是"着力点"。高校肩负着教书育人的神圣使命，应当进一步学习并贯彻落实习近平总书记重要讲话精神，坚定文化自信，深入推进"以文化人、以文育人"，努力培养更多德、智、体、美全面发展的社会主义建设者和接班人。

三、推进大学生社会实践

在国家教育方针的指导下，我国高等院校的大学生社会实践活动快速发展。古语有云：不登高山，不知天之高也；不临深溪，不知地之厚也。有效的社会实践有利于广大青年丰富阅历、增长才干、实现人生的价值等。为了进一步推动大学生社会实践的良好发展，我们针对大学生社会实践中出现的活动组织形式单一、流于形式、组织力度小等问题进行分析，探究提升大学生社会实践活动针对性、时效性的途径。

（一）树立正确的实践观

1. 加大宣传力度

科学的实践观念不仅能够帮助大学生准确认识社会实践问题，还可以加强校外实践活动。假如大学生可以正确地意识到实践活动能够在很大程度上提升个人的综合水平，帮助自身实现更加健康长远的发展，他们参加社会实践的积极性会大大提升。所以，学校要大力开展关于大学生实践活动的宣传工作，让学生正确地认识社会实践活动，最终通过大学生在社会实践中的学习与体验来实现思想政治教育的功能。

大学生要从根本上纠正传统的陈旧意识，他们要认识到除了课堂，社会实践也能传授知识。高校要消除大学生为了完成任务、为了毕业而参加社会实践的想法，要杜绝大学生在社会实践过程中敷衍了事、弄虚作假。要做到这一点，学校要做好以下两方面的工作。

第一，要正确引导大学生，使其认识到应该同时注重理论知识与实践能力，甚至应该更加注重社会实践能力，因为大学生毕业后需要投身社会，学习期间的社会实践活动能够使他们的知识更加内化，同时加深对社会的了解。开展各种有关社会实践的讲座，这是加深大学生对社会实践重要性认知的有效途径。除此之外，还要对当前的思想政治教育课进行改革，在课堂教学体系中加入社会实践的相关内容。

第二，高校要将"做事先做人"的道理深入大学生内心，让大学生意识到道德品质不但能够对人产生巨大而深远的影响，还能够在日常生活中影响一个人的行为表现。要想提升道德品质，需要对其进行理论教育和实践教育，特别是实践教育，使他们在亲身体验的过程中认识到对与错的不同，领悟到恶劣品质造成的严重后果，认识到优秀品质带来的成就。因此，学校应大力推动大学生社会实践，将实践活动的重要性深入学生内心，最终促使大学生从心底对社会实践活动产生主观认同。

2. 开展自我教育

社会实践活动的主体是高校校园中的大学生群体，社会实践活动能够为其带来巨大的收获。所以，在高校的正确引导下，大学生应该从自身出发，深刻理解社会实践的价值及其对自身造成的影响。新时代的大学生，自主观念较强，具备灵活的思维和鲜明的个性，所以自我教育相对来说是更加适合他们的教育方法。当自我教育潜移默化地产生了影响，大学生就能够建立积极的实践观。当大学生正确认识到社会实践活动能起到的积极影响时，他们会自觉地投身其中。

为了更好地开展关于社会实践的自我教育，大学生要从自身出发，主动了解与社会实践相关的途径、方法、疑难问题、理论、步骤、案例等，从而更加全面且深刻地了解社会实践。在掌握了相关理论之后，大学生还要投身社会实践活动亲身体验以加深了解。坚实的理论基础，能够帮助大学生更加高效地开展社会实践。学生要根据不同人生时期的选择和目标来选择适当的社会实践活动，通过在实践中的深刻体验来不断汲取经验教训，最终实现自身的进步与提升。

（二）改革创新社会实践活动

1. 从个人需要出发

马克思说，人们奋斗所争取的一切都与他们的利益有关。[1] 利益在本质上是与需要紧密相连的，眼前的需要推动着人们产生相关的利益期望。一般而言，需要有两个层面，即物质的和精神的。物质的需要主要包括居住、服装、饮食、出行等维持人们基本生活的需要；精神的需要主要是观念、思维、情感等较高层次的心理上的需要。需要催生动机，动机催生行动。当人们察觉到某种需要时，这种需要会在人们的意识中催生出动机，最终促使人们作出相关行为。当行为发生之后，人们完成了目标，同时也满足了自身需要。

高校中低年级的学生尚未深刻地认识社会，在这个阶段，高校应该组织相关活动帮助学生了解国情、认识集体生活，如社会调研、志愿者服务等，通过这些来帮助他们树立正确的政治观并培养社会责任感。

高年级的大学生面对毕业以及步入社会的人生转变的时候，最关心的就是就业问题。为了胜任相关工作，大学生需要掌握系统的专业知识，具备优秀的综合实力、端正的工作态度、良好的品质素养等。所以，高校在安排毕业班的社会实

---

① 中共中央马克思恩格斯列宁斯大林著作编译局. 马克思恩格斯全集 [M]. 北京：人民出版社，1995.

践活动时，要组织对口的实习工作，逐步培养大学生理论联系实际的能力。同时，要让学生了解当前社会发展形势下企业所需的人才必须具备哪种素质，学校要和实践单位相互沟通，确定企业所需人才的知识结构与能力素质，进而安排毕业生的社会实践方式及内容。

除了满足大学生的需要，高校还要引导学生培育良好的品质素质，让学生意识到意志品质在人的一生中所起的重要作用。具体来说，高校要让大学生群体正确看待付出与收获、个人和社会的关系，督促大学生将自身利益和国家利益、社会利益紧紧地联系在一起。教师要让学生认识到个人的发展离不开国家发展与社会发展，只有国家和社会进步了，个体才能充分发挥自身的价值。

2. 紧跟时代主题

当前高校校园中的大学生接触的信息较为广泛，思维比较灵活，乐于接受新事物。因此，高校在开展校外实践活动时，要尽量让活动和当前社会中的主流思想相一致，以此来紧跟时代步伐，适应学生追逐新事物的思维惯性。当前国家倡导大学生为了实现"中国梦"而不断努力奋斗，高校应紧紧抓住这一思想，组织与之相关的主题活动。例如，高校可以组织一些大学生暑期筑梦实践活动，让大学生与当前的时代楷模近距离接触，听他们谈怎样更好地将个人梦想与国家梦想联系在一起。同时，可以开展志愿者服务活动，提倡大学生走进社区、走进农村，向社会各界人士宣传"中国梦"的内涵和意义。

结合国家倡导的城乡共同发展战略，鼓励大学生奉献社会。高校可以组织大学生走进农村，近距离了解农村的最新发展状况，体验农村人民的生活方式，引导其为了城乡一体化的更好发展贡献自身力量。在社会实践过程中，大学生能够慢慢认识到乡村社会这几十年以来所发生的翻天覆地的变化，体会到国家政策对农村发展的重要意义，由此使其更好地了解个人命运与国家命运的密切联系，提升其为了国家社会发展而贡献出自身力量的积极性。

结合中国特色建设路线，使大学生深层次地理解当前国家的各项政策。高校要对社会主义核心价值观体系进行深入解读，组织学生到社会中宣传核心价值观的相关内容，推动社会主义核心价值观在社会中的传播。通过让大学生学习当前的国家政策、认清当前的社会发展形势与国际发展形势，鼓励其就此发表自身看法，最终使其更加认可与支持当前的各项政策。

四、创新高校党团工作模式

党团共建是大学生思想政治工作和队伍建设工作中的重要一环，也是最大限度地发挥团组织的先锋模范作用和党组织的政治核心作用的重要方式，是提高大学生政治觉悟，坚定当代大学生共产主义信仰的重要手段。党团共建工作的积极开展对巩固党的执政地位、增强党的执政能力和党的先进性都有积极的促进作用，是建设人文团委、活力团委和人文党组织和活力党组织的重要手段，是实现伟大中国梦的重要途径，也是促进大学生成才的重要环节。

（一）加强党对高校的领导

党的十七大报告着重强调了大学生党建在党的建设的新的伟大工程中的重要性。做好大学生党建工作是培养我国社会主义事业管理人才伟大工程和合格接班人的重要内容，是高校贯彻落实"党管人才战略"和"三个代表"重要思想要求的具体体现。因此，进一步加强大学生党建工作，是提高高校思想政治教育工作水平、培养和造就高素质人才及充分使用人才的知识力量，是党团共建不能缺少的发展条件。

我们的高校是中国共产党领导下的高校，是中国特色社会主义高校。党章总纲规定，党的领导主要是政治领导、思想领导和组织领导。这是我们党总结领导革命、建设和改革的历史经验，在长期执政实践中得出的基本结论，也是办好中国特色社会主义大学的根本。牢牢掌握党对高校工作的领导权，使高校真正成为坚持党的领导的坚强阵地，必须把握住党管办学方向、党管改革发展和党管干部人才这三个关键，把深入细致的思想政治工作贯穿始终，只有这样才能确保立德树人的根本任务得到真正落实和圆满完成。

（二）加强建设大学生社团

高校学生社团是在学校相关部门引导下由学生自发成立的"民间"组织。社团这一特性决定了它是大学生自我教育、自我管理、自我服务、自我实现的重要阵地，也是加强和改进高校思想政治教育的有效载体。通过社团思想将思想政治教育融入社团建设、社团活动，从而潜移默化地对其成员进行教育。

1. 社团的制度建设

社团建设应纳入共青团的组织体系和工作体系，努力构建以共青团组织为主体，以学生会和学生社团组织为两翼的"一体两翼"共青团组织体系；进一步建立健全社团成立、注册审批制度，社团活动审批、考核制度以及相应的激励约束机制等一系列有利于社团健康发展的制度。社团主管部门要进一步增进对社团常规运作的监督工作，增进社团与社团之间的合作与支持，进一步规范社团活动的组织流程，使得每项活动都在社团规范范围之内进行，杜绝由于管理不到位而出现的越轨现象。

2. 社团团支部建设

共青团要主动参加社团中的各项活动，增进团组织对社团的领导作用，做到在思想上引领高校社团建设，这一点关系着高校社团的性质和发展方向，是不容忽视与放松的关键问题。与此同时，要充分发挥社团团支部的德育作用，督促其不断开展与团组织相关的主题活动，增进团组织与社团之间的沟通与联系，用团建带动社团不断向着更加健康的方向发展。

3. 加大对社团的支持

因为学生社团属于高校的"民间"组织，不具备官方性，所以他们无法像学生会一样较为容易地取得社团活动资金，尤其是对于刚刚创立的社团来说，资金问题特别明显。一些积极向上的社团活动仅仅因为缺乏资金的支持而最终夭折，是大学社团经常遇到的难题。对此，高校应该予以足够的重视，并给予一定的支持，要加大力度从多渠道筹措资金，给校园社团划拨专项资金，用于保障其活动场地和设施的正常使用。除此之外，高校应定期举办"校园文化艺术节""校园科技活动月"等大型学生活动，在活动期间给各个社团分派不同的子活动，这样既能够让大学生社团活动内容更加丰富多彩，也能够在一定程度上拓宽社团的经费来源，为其以后的发展奠定基础。

第四节　新媒体时代高校思想政治教育的载体创新

一、高校思想政治教育与微媒体

微媒体主要指以微博等社交软件为代表的媒体。这类媒体呈现出以短小精悍、多手段、多方式的表达形式进行文化传播与信息交流乃至进行情感沟通的特征，信息量大，信息内容以几何级增长的速度快速传播，具有超强的冲击力和震撼力。随着微媒体在大学生中的普及应用，高校开始重视微媒体在思想政治教育中的作用，以此提高思想政治教育的吸引力和实效性。

（一）借助校园公众号加强思政教育

高校应该开通自己的校园公众号，通过公众号及时向学生推送校园信息，并且可以利用公众号开展高校思想政治教育，加强对这方面教育内容的推送。公众号往往采用图片加文字的形式推送消息，还可添加语音和视频，是一种全方位的沟通方式，具有新颖性、创新性、知识性、趣味性和可读性。高校要善于应用微信公众号的优势，通过公众号推送思想政治教育相关的话题；利用图片、音视频等因素增添内容的趣味性和可读性，使学生充分调动各种感官感受思想政治教育别有风味的一面，从另外一种视角诠释思想政治教育，这样可以让知识的传递更加自然、顺畅，学生也更加乐于接受，排除因单纯说教产生的排斥心理，提高学生的积极性，培养学生的阅读习惯，从而提升阅读量，和传统的课堂教学形成互动互补。此外，高校可以开通几个不同的公众号，从不同的角度对某个内容或主题进行联合推送，这样可以展现不同的教育重点和风格，以确保学生能够借此获取更丰富多彩的教育资源，从而更好地满足他们的资讯需求。

实际上，利用公众平台开展高校思想政治教育是一种教育模式的深化和扩展。思想政治教育工作者必须坚持兼顾思想政治教育的知识性、趣味性和时代性，偏废其中一面都不利于长久传播，并且要做到持久坚持。此外，还要能够对当下社会热点和学生广泛关注的事件做文章，做到"从学生中来、到学生中去"。消息要贴近学生，介绍学生最关心的、最直接的和最现实的问题，把握时代脉搏。对于有争论性的话题，允许出现多元化声音，在民主对话中潜移默化地引导舆论走向。

（二）利用微博构建高校思想政治教育的双向互动模式

微博的出现给高校思想政治教育带来机遇的同时带来了不少的挑战。这要求高校思想政治教育必须进行创新，同时思想政治教育自身的发展要求必须进行创新。所以，高校思想政治教育究竟如何运用微博载体进行创新，值得认真研究。

《中共中央国务院关于进一步加强和改进高校思想政治教育的意见》指出："要主动占领网络思想政治教育新阵地——形成网络思想政治教育工作体系，牢牢把握网络思想政治教育主动权。"[1] 在信息技术高速发展的今天，我们必须抢抓微博这一网络技术平台，了解其互动特性，改变传统教育模式，开辟思想政治教育工作互动新领域，从而达到教育主客体双方的双向互动，提升高校思想政治教育的实效性。

1. 生生互动模式的构建

微博实际上是一个搭载于网络平台的巨大隐形交际网，微博可以将具有相同兴趣的用户聚集在一起形成相应的讨论小组，讨论小组成员会就共同兴趣发起话题进行讨论。这一特性无疑为学生与同辈群体之间进行对话式的思想交流和碰撞架起了一座便利的桥梁。青年学生可以通过无阻隔的沟通交流进行自我教育，减少对正面思想政治教育的抵触和防范心理，从而促进相互之间形成共同的价值观；可以围绕微博上的项目管理和命题研究，随时随地将遇到的与主题相关的信息反馈到微博平台中；可以就学校、社会中的一些现象和热点问题发表自己的看法，与志同道合的学习同伴形成学习共同体，互相协作、互相帮助。比如，拥有众多粉丝的新浪大学生励志网微博平台出现了不少以共同兴趣爱好、目标追求为主题的讨论项目，为青年提供了同龄人共同的交流领地，影响广泛。当然，学生的一些观点、看法难免会有这样那样的偏颇，甚至错误，这就需要在同辈群体中挑选一些思想觉悟高、组织能力强、知识广博的核心人物在微博中发挥导向作用，让青年学生在同辈群体潜移默化的互动影响中获得教益。

---

[1] 中共中央国务院发出《关于进一步加强和改进大学生思想政治教育的意见》[N]. 人民日报，2004-10-15.

2. 师生互动模式的构建

我国高校思想政治教育在很长一段时间以来都是以理论灌输作为主要形式，重视知识灌输却忽略师生交流，这导致高校思想政治教育的效果并不理想，大学生在这样的环境下也不愿意直接袒露自己的真实想法。而微博这一最新网络社区交流平台，可以在思想政治教育工作者与工作对象之间构建起一条畅通的信息渠道。思想政治教育工作者可以通过微博发挥自己的影响力，使用"微博语言"与青年人交流能展示亲和力与感召力，容易得到青年人的理解和认可，并被他们"关注"。只有这样，思想政治教育工作者才能利用微博的即时通信功能，公布各种服务信息，及时把握青年人的思想状况和心理需求，了解他们的即时状态，及时发现问题，并将问题解决于萌芽之中。那些需求获得满足的青年学生会更愿意向思想政治教育工作者袒露自己的心声，并会随时提供相关信息，从而形成教育者和被教育者之间的良性互动。2011年3月，四川大学林学院5位政治辅导员各自开通了微博，在思想政治教育等数十个方面与青年学生进行交流互动。此举一出，短短一天内就吸引了上百名同学"围观"。对教师们极具个性、寓意强劲和不失幽默的"博名"，同学们纷纷留言，表示欢迎，把辅导员的微博看作"心灵鸡汤"。

3. 生校互动模式的构建

我国高校过去将灌输教育和僵硬管理作为主要教育管理方式，这不利于建立高校与学生之间的和谐关系，在这样的关系中，高校在学生心中形成了不良形象。随着微博的盛行，越来越多的高校敏锐地意识到微博在青年学生中的影响力，纷纷开设微博，以勇于接受新生事物和自信开放的姿态赢得了青年学生的认可和关注。那么，如何才能充分体现微博的互动魅力呢？

首先，要建立特色微博网站，改变中规中矩、语言乏味的官方发布方式，运用诙谐语言和网络用语发布一些生活化、大众化、个性化的信息，对青年学生心理健康做出人性化的关怀，获得更多信赖与共鸣；其次，从网络上挑选高质量、能引起青年人兴趣的思想政治教育方面的多媒体学习资料，如《人民日报》《青年文摘》《南方周末》等著名报纸杂志微博平台上的热点新闻、政策及评论等，将这些网络地址链接或理论学习资料网址及时传递给青年学生；再次，还可以在微博上针对热门话题发起群组讨论，高校思想政治教育部门主持引导，让青年学生畅所欲言，在讨论中养成自主学习的习惯，并获得思想修养的提高。在这一点上，中南大学的成功经验值得借鉴。该校构筑微博平台体系，编发微博信息，及时传递校园最新动态，尤其在重大活动和敏感时期，通过命题微博，组织主题讨论，倡导主题活动，稳定学生思想情绪，有效地维护了校园安全同时充分利用微博互动和共享优势积极为毕业生就业服务。

二、高校思想政治教育与即时通信

随着移动互联网的发展和普及应用，即时通信成为人们沟通联络的主要方式。当前我们正处于信息时代，人们对信息的需求越来越多，而且信息的来源越来越多，极大地方便了我们的生产和生活。然而在现实中，对即时通信工具的思想政治教育功能的认识和重视却相对缺乏。在新媒体时代，高校思想政治教育工作者要充分认识到利用即时通信工具开展思想政治教育是对传统思想政治教育方式的补充，还能够增加高校师生间的互动，提高高校思想政治教育工作的针对性和实效性。

（一）高校思想政治教育与微信

微信是新媒体时代的一种全新媒介形式，它具有方便快捷、互动性强的优势，并且随着微信的不断发展，其实用性还在不断增强，当前已经是最常用的社会化媒介之一。新时期，高校要进行高效的思想政治教育，必须重视微信成为新的思想政治教育载体这一挑战性课题。

微信可以通过网络连接快速发送语音短信、文字、图片和视频，同时微信还支持多人群聊。微信的兴起满足了大学生彰显个性、追求时尚、敢于尝试新事物的需要。大学生往往对新生事物充满好奇与热情，他们尤其在科技产品面前，往往是积极的尝试者和探索者，微信的使用也不例外。微信是传统通信手段和互联网信息技术的有机结合，构建了一个集邮件、短信、手机、SNS 和微博等应用于一身的个性化立体式服务平台，让异地沟通更加轻快便捷，在校园掀起了一股风潮。微信作为十分火爆、备受学生喜爱的新媒体载体，高校一定要牢牢把握机遇，融思想政治教育于新型媒介载体中，拓宽思想政治教育渠道，加强探索实践，促进微信成为辅导员进行思想政治教育工作的有力工具。在新的社会条件下，高校思想政治教育工作者应该解放思想、勇于创新，不断探索和创新全新的工作模式，要跟上时代潮流，把握机遇，不断提高高校思想政治教育的实效性。

（二）在高校思政教育中 QQ 载体的应用

QQ 平台作为高校思想政治教育载体，是指思想政治教育主体利用 QQ 平台将思想政治教育内容或信息传递给思想政治教育客体，促使思想政治教育主客体之间相互作用的一种活动形式或信息平台。由于它具有虚拟性和隐蔽性，因此它既不同于传统的开会、谈话、理论学习等活动形式，又不同于报纸、书籍等物质实体，是一种新的思想政治教育载体形式——信息平台。

1. 借助 QQ 平台，打造高质量的思政教育课

重视 QQ 平台在高校思想政治教育中的作用。大学生处于青年时期，容易接受新事物，学习新知识，在较短的时间内就能掌握网络技术，对平台进行熟练操作；作为思想政治教育主体的教师有的则对网络和平台持否定和怀疑的态度，不愿意主动使用 QQ 平台，这不仅使思想政治教育主体不能适应网络时代思想政治教育工作的要求，而且对提高思想政治教育的效果也极为不利。因此，广大教育者对利用新媒体进行高校思想政治教育的重视程度还有待进一步提高。这就要求教育者要潜心学习互联网知识，学习运用新兴媒体与大学生进行交流，了解大学生的思想发展状况、心理状况，以便有针对性地开展思想政治教育活动。思想政治教育者要高度重视 QQ 平台这一网络工具，充分发挥其便捷、快速、功能强大、易操作、深受大学生喜爱的特点，把思想政治教育内容有机地融合在日常使用 QQ 平台中，使大学生受到潜移默化的影响，提高思想境界，最终树立正确的世界观、人生观、价值观。

2. 借助 QQ 群，打造思政教育载体

QQ 群是腾讯的一项附加功能，群主享有管理群的权力和允许其他人加入该群的权力，群主还可以选择三个群成员作为普通管理员，代替群主行使管理群的权力。普通群的人员上限是 100 人，如果要开通超级 QQ 群就必须是 VIP 会员。这样高校班主任或者辅导员可以根据班级管理规模来决定应该建立普通群还是高

级群。由于 QQ 群功能强大、影响范围广、使用方便快捷，因此班主任或辅导员可以通过构建 QQ 群，挖掘群的群社区、群共享、群相册等功能，从而加强高校思想政治教育。

（三）借助手机媒介开展高校思政教育

当前，移动互联网发展迅猛，已经成为人们生活中必不可少的重要组成部分，手机用户数量不断增加，手机媒介所特有的便携性、即时性和共享性等特点为高校思想政治教育工作者利用手机载体开展思想政治教育活动带来了新的优势。作为一种日常通信交流平台，手机媒介已渗透到大学生生活、学习、娱乐各个方面，对其思想、心理和行为产生了巨大影响。因此，充分认识并积极利用手机媒介的优越性，趋利避害，探索高校思想政治教育的新途径，更好地为大学生服务。

引导思想政治教育工作者和大学生正确使用手机媒介。

1. 提高思政教育工作者媒介素养

本书前文对教育工作者的媒介素养进行了详细论述，在此仅进行简要论述。

高校思想政治教育工作者应充分认识手机媒介的优势，有效应对手机媒介背景下的思想教育工作的新形势，把手机媒介作为新时期思想政治教育工作的文化阵地，进一步做好高校思想政治教育工作。

提升思想政治教育工作者的信息技术水平。作为高校思想政治教育工作者，要积极主动地了解手机媒介，不断提高使用手机媒介的能力，积极有效地利用各种交流软件，如微博、手机 QQ、微信等，使之成为掌握思想动态，以及与学生进行思想交流、信息沟通的平台。

提升思想政治教育工作者的媒介信息素质。需要培养思想政治教育工作者敏锐的信息意识。思想政治教育工作者应对各种信息时，应保持高度的敏感度，及时有效地捕捉、分析、判断和吸收手机媒介中的新信息，同时与传统教学方式相结合，拓宽学生视野，激发其学习的主动性、积极性，启迪其思维，促进大学生正确"三观"的形成。

2. 引导大学生正确使用手机媒介

（1）培养良好习惯

培养学生养成健康、合理地使用手机媒介的习惯。思想政治教育工作者应采取一定的措施鼓励学生积极参加学校组织的各项活动，开阔其视野和提高其社交能力，在活动中使他们的生活重心从手机媒介上转移，重新找到生活的乐趣，逐渐改变依赖手机媒介进行情感交流的状态，摆脱对手机的依赖，养成健康、合理地使用手机媒介的习惯。

（2）树立自律意识

引导学生科学合理地使用手机，树立自律意识。思想政治教育工作者借助日常政治教育活动，以渗透式教育指导学生要切实提高独立思考、鉴别和道德自律能力，使其客观认识手机媒介，严格规范地使用手机，培养学生健康、文明、积极的手机短信意识，以自觉的态度进行自我监督、自我调节和自我批评。

第五章　新媒体时代思想政治教育教学模式创新

本章为新媒体时代思想政治教育教学模式创新，分为四部分内容，依次是智慧课堂教学模式、直播互动教学模式、混合式教学模式、其他教学模式。

第一节　智慧课堂教学模式

当今，信息技术正在大力发展，并得到广泛应用，智慧课堂随之出现。它以建构主义的学习理论为依据，通过对大数据、物联网和移动互联等新技术的应用，打造出智能高效课堂模式。智慧课堂是信息技术和课堂教学全面整合的结果，更是大数据下教学改革发展到一定阶段的必然产物。

学习者掌握知识，需要在某一地点向他人学习，依托具体知识资源，采用意义建构的方式获得。一个高效课堂环境的创建，一定要有情境、合作、会话与意义构建的四个要素。智慧课堂完全迎合建构主义学习理论中关于高效课堂情景的需求，在最新科技与智能设备的推动下，针对课前、课中、课下 3 个主要教学节点，创设并模拟倾向于真实的课堂的学习环境，加大师生、生生的交流，加强学习者之间的合作学习，开展课题探讨，促进学生建立知识系统。

一、思政课教学中"学习通"智慧课堂的应用

（一）超星学习通概述

"超星学习通"（简称"学习通"）依托泛雅网络教学平台资源，使用智能手机、移动终端设备，如平板电脑进行学习的平台。该 App 由教师端与学生端两部

分组成。借助这一平台，教师可创设课程与班级，开展课程资源建设，并进行教学管理活动，如考勤、发布通知、课堂讨论、作业布置、课堂测验、课程考核、问卷调查等；学生可以在手机端或者电脑端进行线上学习，并参加老师发起的课堂活动。超星学习通是一个教学辅助平台，有如下特点。

第一，简单方便。教师只要在手机上通过一个网址，就可以展示教学内容。同学们只需要借助手机或电脑，就能实现网上学习，参与教师发起的课程活动，十分便捷。

第二，具有很好的交互性。"学习通"设置有签到、投票、作业布置、课堂讨论等功能，能够对学生学习情况进行实时记录，并对学生成绩进行统计。通过该平台教师与学生可进行线上沟通，实现师生间的交互学习。

第三，拥有丰富的资源。"学习通"平台涵盖同步课堂、纸质读物、视频、云盘专题和有声读物等资源，充分满足了教师备课需求与学生学习需求。

第四，拥有强大的功能。它的作用主要是为师生提供学习资源，对该课教学活动进行技术支持，提供课程考核的完整数据报告。

（二）高校思政课运用"超星学习通"的意义

1.丰富教学资源

可将期刊、书籍、报刊、名师讲座、专题课堂以及通识课堂等资源上传到学习通平台，这类资源给思想政治课老师提供了丰富的素材、开阔了学术视野。除上述公共资源外，"学习通"还特别设有马克思主义学院网页，键入邀请码并进入网页，就能够查看推荐案例、推荐资源、时事热点、学生自测、网络资源库，实践活动及其他模块，每个模块下面的资源都是完整的，课程涉及马克思主义学院的每个专业，给广大思想政治课教师以超前、充足、专业教学资源。

2.促进教学工作信息化

思想政治课是一门公共必修课，多以大班和中班为单位授课，实行各院校、各专业学生合班教学。如果采用传统教学模式与手段进行授课，签到、打分、成绩统计等课程管理工作，都要耗费老师们很多时间，效率极低。教师在运用"学习通"进行辅助教学之后，将大大提高教学效率。例如，签到任务仅需要大约两分钟的时间；在分组开展项目活动中，该系统能根据需要自动进行分组，并且可以启动为小组表现打分的任务；"学习通"能够对学生学习情况进行实时记录，包括完成任务点、签到、参加课堂活动情况等等；在此基础上学习通还有很强的统计功能，教师只要在课程考核中确立权重，系统自动统计出学生成绩。极大地减轻教师工作量，使教学实现信息化、高效化。使教师有更多的精力和时间做其他工作，如党建，科研、宣讲工作等等。

3. 增强教学双向互动

教学过程中要教师起主导作用，学生则应起到主体作用，这两者的有效交互，是提高思想政治课教学实效性的一个条件。"学习通"给思想政治课教师与学生双向互动搭建了平台。教师可以在教学过程中设置一些活动，如主题讨论、抢答等等，以增进师生沟通，了解同学们的思想动态，帮助学生及时化解困惑，引导他们建立正确的世界观、人生观和价值观。课下同学们还可以通过学习通平台向老师发送消息，随时随地交流。

4. 提升学生的学习自主性

在思想政治课中运用"学习通"，还能够增强学生主体意识，主要表现为：第一，抢答、讨论等丰富多样的课堂活动，促进学生课堂参与热情；第二，"学习通"能够进行实时评分、成绩统计与排名，并且可以投屏，激励学生积极进取；第三，"学习通"拥有各类学习资源，学习方式灵活多样，能够满足学生不同的学习需求，使得学生可以高效利用零碎的时间，促进学生学习自主性的提高。

5. 改革教学模式和考核方式

传统的教学模式中，对于学生的平时表现和作业情况等，无法做到全面监测，考核存在不科学、不严谨的问题。"学习通"在思想政治课中的运用，有助于推动思想政治课教学模式与考核方式的改革，逐渐摸索出以"学习通"为基础，更科学、更综合的混合式教学模式和公平考核方式。

（三）基于"超星学习通"的思政翻转课堂教学实践

1. 翻转课堂应用"超星学习通"的必要性

超星学习通系统可与思想政治翻转课堂相结合。课前，超星学习通拥有大量视频、课件、期刊、图书和其他许多课程资源，可提供给学生自学；课上，学习通的签到、投票、选人、讨论等功能，一方面可使课堂气氛更活跃，一方面教师也可给学生打分，记录平时成绩；课下，老师可利用学习通来布置作业及考试，还可使用班级统计功能，查看学生课堂参与程度，开展对学生成绩的管理以及教学反思。

思想政治课在学生价值观以及道德形成中起着关键作用。却常常因为其内容乏味、理论晦涩、课堂气氛呆板、老师照本宣科等原因，导致学生参与度和学习积极性都不高，以及学生在课堂上玩手机的情况比较严重，等等。所以，将学习通带进课堂，使手机变成学生学习工具，可有效增强思想政治课教学活跃度、参与度以及实效性。

2. 构建基于超星学习通的翻转课堂模型

针对翻转课堂的课内外特点、线上与线下混合式教学模式，并结合实际教学经验，该研究分别从课前和课中、课后三个方面实现了基于超星学习通的翻转课堂教学模式，如图5-1所示。

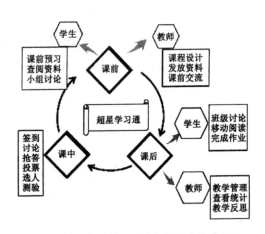

图5-1 基于超星学习通的翻转课堂教学模型

课前，平台可提供大量的资源供教师进行课程设计，并分发一些学习资料（视频、文档、链接等），作为课堂学习任务，供学生课前预习。教师利用后台数据进行实时督学，能看到同学们有没有完成布置的学习任务。学生能够按照老师下发的信息自主学习，查阅有关材料，并进行小组讨论，从而扩大学生自主学习、分析资料以及归纳总结的能力。

课堂上，教师可以利用学习通 App 的功能，完成学生的考勤、发放测验、迅速把握学生的预习情况，提高效率。还可以利用抢答题的方式、选人方式等，代替传统提问环节，增添课堂乐趣，吸引学生参与课堂，激活课堂学习氛围。

课下，教师与学生之间可以通过学习通开展线上线下的探讨教学，适时开展答疑交流环节。教师可以布置课后作业，并可在线批改；同时能够分享一些材料给同学们延伸阅读。教师也可以看一下数据统计，看看同学们课后的点评，适时地对新教学方案进行调整，或是举办其他线下交流活动。

二、思政课教学中""雨课堂""智慧课堂的应用

（一）"雨课堂"概述

1."雨课堂"的特征

"雨课堂"的操作相对简单，只要关注"雨课堂"微信公众号，并注册登录，便可实现线上创建教学班级，不需要繁杂硬件支持。"雨课堂"教学平台，以老课件为蓝本，增加了部分课前预习视频、预习练习题等内容。如无须修改原来的课件，使用多媒体、移动终端、智能手机就能进行教学。另外，使用"雨课堂"，老师还能进行视频推送，语音发送，还能直接发布课件到学生的手机，真正实现课堂实时互动，增强了软件的易用性。

（1）互动性

从信息化辅助教学的角度看，"雨课堂"有其独特的优点。贯穿教学的始终，"雨课堂"可以主动推送消息，实现师生间的实时互动，将教学内容、师生紧紧联系起来，更具人性化，教学更精准。应答系统设计中使用了一种新的基于 BYOD 的（Bring Your Own Device）教学模式，应用于学生的智能手机上，既不局限于公共教具的使用，又充分发挥了学生个性化学习的优势，丰富了教师情境性设计。

（2）完整性

研究者们在调查中发现，很多老师授课往往只注重课堂学习，忽视了课前准

备、课后反馈等环节，"雨课堂"中的"课前—课中—课后"这样一种三段式教学模式能够有效弥补这一漏洞，协助教师及时掌握教学各环节中学生学习现状，基于平台反馈数据，对课堂教学进行有效调整。

2."雨课堂"的教学优势

"雨课堂"是不同形式的翻转课堂，同翻转课堂相比更加微型化，与翻转课堂均属混合式学习的新模式[①]。

从学生的角度来看，准时完成学习任务就是对课堂的参与；"雨课堂"可以增进师生沟通，让老师更深入地了解学生的学习情况；另外，课堂上追踪到的数据也有助于教师对教学方式进行更深入的调整，让课堂变得更有效率。

王帅国认为：在课堂上想要使用"雨课堂"只需要把"雨课堂"这个教学工具融入课堂的教学即可，不需要去制作复杂视频等额外工作，也就是在传统课堂教学中融入混合式教学理念[②]。

简单来说，"雨课堂"仅仅是 PPT 中的插件，教师只需要将视频插入到课件里就可以。

徐盛夏认为："雨课堂"教学平台相当于给传统教学装上了"精密仪表"。彻底解决教师都会困扰的一个问题"这节课教师所讲授的知识学生是不是都已经明白了？还有没有什么地方是学生不明白的？"[③]可以让教师全方位实时掌握学生学习情况，对需要帮助的学生进行专门辅导。

概括以上学者观点可知，把"雨课堂"作为一种教学工具纳入教学具有如下优点：第一，利用"雨课堂"教学平台，能够激发学生的学习兴趣，增进教师与学生的沟通，为学生带来更快乐的学习体验；第二，老师学习零成本，使用方便，无缝对接传统教学，不需要再做课件；第三，"雨课堂"教学中运用"课前—课中—课下"教学模式能够全方位地对学生展开教学，实时高效地进行学习监督，掌握学生学习动态；第四，"雨课堂"教学对教师专业能力有促进作用。

严诗认为，"雨课堂"提供了智慧教学的新思路，提供数据改变课堂，在不

① 孙曼丽.国外大学混合学习教学模式述评[J].福建师范大学学报(哲学社会科学版)，2015(03)：153-160+172.
② 王帅国."雨课堂"：移动互联网与大数据背景下的智慧教学工具[J].现代教育技术，2017，27(05)：26-32.
③ 徐盛夏.教学方式与时俱进：""雨课堂""教学[J].教育现代化，2016，3(35)：191-192.

需要教师大幅度改变教学环境和教学设计的前提下，选择更适合的教学手段进行教学，但新工具加入的同时也对教师提出了新的挑战：信息的重新选择、组织、构建；课堂的设计组织和掌握；数据的采集、筛选和分析。提供解决策略，强调要提高教师的信息技术素养、教学设计水平、改变教师教学理念和提高教学数据素养[①]。

网络给信息的高效传递带来方便，学生不出校门，便能获得大量的信息。打开了同学们开阔视野、丰富知识的渠道。同时，信息化的运用在为教育带来方便的同时，也加大了教学难度，怎样把信息化产物变成教学工具与载体，从而满足学生学习需求，成了教师面临的任务与难题。

（二）思政课运用"雨课堂"教学模式的现实需要

1. 大学生树立正确三观的需要

习近平总书记在 2019 年 3 月 19 日的学校思想政治理论课座谈会上指出："思想政治理论课是落实立德树人根本任务的关键课程，在大中小学循序渐进、螺旋上升地开展思想政治理论课非常有必要，是培养一代又一代社会主义建设者和接班人的重要保障。"[②]思想政治理论课是高校的基础性课程，肩负着培养大学生良好的思想品德、树立坚定的共产主义理想信念的使命。马克思主义基本原理概论课是思想政治理论课中的核心课程，在 2011 年学习马克思主义经典著作会议上，习近平总书记强调："系统掌握马克思主义基本原理，才能完整准确的理解中国特色社会主义理论体系，才能创造性的应用马克思主义立场观点分析和解决我们面临的实际问题，不断把中国特色社会主义事业推向前进。"[③]从马克思主义基本原理概论的课程性质来看，在高校思想政治理论课教学中，它是一门抽象性、理论性强，意识形态特征浓厚的课程，着重传授马克思主义的世界观、方法论，教人正确地认识人类社会发展规律。大学生只有系统地掌握了马克思主义的基本原理，才能够较好地发挥马克思主义正确的指导作用，把它运用到理论学习与实践中。

---

① 严诗,李汉斌,黄敏,高斯涛."雨课堂"支持下教师教学面临的挑战和对策[J].中国教育信息化,2018(08):70-72.
② 习近平,在学校思想政治课教师座谈会上的讲话 [N].人民日报,2019-03-19.
③ 李章军.认真学习马克思主义经典著作 不断推进中国特色社会主义事业 [N].人民日报,2011-05-14（001）.

2. 时代发展需要

当今社会，信息化高度发达，绝大多数大学生自幼便掌握了娴熟的互联网使用技巧，俨然已和互联网密不可分。思想政治教师如果还拘泥于传统教学模式中，是不能适应时代发展要求的。因此，要擅长改革创新，把新技术、新模式应用到教学中。全国高等学校思想政治工作会议上，习近平总书记也强调："要运用新媒体新技术使工作活起来，推动思想政治工作传统优势同信息技术高度融合，增强时代感和吸引力。"① "雨课堂"是随着新媒体发展应运而生的授课新方法，"雨课堂"混合式教学模式在马克思主义基本原理概论课教学中的运用，能迎合同学们的喜好，把枯燥无味的理论，以一种新奇的方式呈现在同学们眼前，能够较好地增强授课实效性。将"雨课堂"和传统授课方式结合起来的混合教学模式，在"互联网+"时代教育改革趋势下积极变革，主动顺应新趋势，不仅是教学模式的创新，也是教学与时俱进、适应新时代的需要。

（三）思政课运用""雨课堂""教学模式的意义

1. 有助于提高学生课堂参与率

将"雨课堂"混合式教学模式应用到原理课中，同学们使用手机扫描二维码，便可进入到课堂中，翻看手机便能看到老师推送的 PPT 学习课件，随时随刻向老师提问不懂的问题，老师也可以时刻注意到学生的动向，并且积极解答同学的提问，极大促进了学生参与课堂的积极性。

2. 有助于激发学生的学习兴趣

"雨课堂"混合式教学模式是一种双向型的趣味互动，使思想政治课课堂气氛得到提升，发送"弹幕""红包""滚动点名"等同学们喜欢的方法，有助于激发学生学习兴趣，主动参与课堂活动，增强学生课堂获得感。

3. 有助于学生成为课堂的主体

常规教学模式下，在课堂上教师是主体，采用灌输式教学方法，学生只能消极地接受老师所教的知识，从而造成了学生对于思想政治课的学习兴趣不高，仅仅是为了通过考试而学习，学生对于课程内容是一知半解的。思想政治教学没有

---

① 习近平在全国高校思想政治工作会议上强调：把思想政治工作贯穿教育教学全过程 开创我国高等教育事业发展新局面 [J]. 教育文化论坛，2016，8（06）：144.

充分实现为中国特色社会主义培养合格人才这一目标，"雨课堂"混合教学模式运用，实现教师为主体向学生为主体的转变，教师在课堂教学中成了引路人，而且学生们成了"探险家"，给学生搭建一个发挥主体作用的舞台。

第二节　直播互动教学模式

一、直播互动教学的优势

在思想政治课中开展网络直播互动教学，正符合了互联网时代的需要，通过运用数字摄像技术，制作带有思想政治课育人内容与场景的视频音像，并有规划、有针对性地开展在线教学活动。

（一）有利于缓解思政课教学危机

近年来，对于高校思想政治课教学中存在的问题，许多一线教师都深有体会。部分高校思想政治课堂存在师生之间存在隔膜现象，也就是在教学的全过程中，教师与学生的沟通和互动几乎为零，甚至产生所谓教育"负效果"问题。思想政治课开始出现教学危机，毫无疑问，这是由诸多因素"合力"作用所致。抛开学生与外界的影响因素不谈，单从教育教学的层面来看，可以说，思想政治课教学不应该仅仅停留在课堂上简单的理论讲解上，而应该让学生在实际体验中获得理解和认同。但是，实践教学受限于资金、场地、机构等方面和其他因素，执行落实困难。网络直播互动教学借助以数字摄像技术为核心的现代高科技手段生成极具吸引力的视频音像，能够有效整合课堂理论教学与社会实践活动[1]。再加上 VR 技术的应用，毫无疑问，它将极大地改善直播体验，使学生通过"身临其境"式直播互动，学有所得，对马克思主义理论和中国化的成就有所领悟，继而化解思想政治教育中所产生的"负效果"问题，切实解决思想政治课存在的教学危机。

---

[1]　詹红燕.网络直播对大学生思想政治教育的影响及对策研究[J].佳木斯大学社会科学学报,2017,35(03) :76-79.

（二）有利于创新思政课教学模式

在我国着力推进"互联网+"行动的背景下，互联网和农业、制造、医疗、运输、教育等传统领域逐步实现深度融合，而这也正是未来中国互联网技术发展的大趋势，势必会对社会群体特别是青少年的思维方式、知识接受方式、生活方式产生影响。互联网技术飞速发展，显然思想政治课教师不应该无视，也不应该回避这个现象，而必须要抓住数字化时代的发展趋势，正确认识到互联网技术对大学生思维的冲击，探寻更有效的思想政治课教学互联网教学新模式。如今，数字化技术已被广泛运用到教学与科研中，依托"互联网+"的概念，进行网络直播互动教学显得格外紧迫与必要。在这种情况下，在思想政治教育工作中，教师须积极发挥创新能力，实现网络直播同思想政治课的深度衔接，打造符合思想政治课特点的网络直播互动教学平台，在数字化时代谋求思想政治课教学的生存与发展空间。

（三）有利于拓展思政课教学场所

思想政治课的教学场所一般以教室为主，或者学校内部的其他地方，在条件成熟的情况下，有可能迁移到校外的爱国主义教育实践基地这样的实体场所，一般由教师进行理论讲解，同学们听课学习。这种面对面现场教学，方便了教学的组织管理、降低教学成本、掌握教学进度。同时，也会使教学显得单调乏味，易引起学生"审美疲劳"。网络直播互动教学不受具体教学场所限制，还可以使学生最大限度地利用零碎时间学习，有着其他传统教学不可比拟的优越性。例如，由面对面教学向机对机教学过渡，由固定时间的学习过渡到随时在线，由实体场所教学过渡到虚拟场所教学，它使思想政治课教学生态模式发生了很大变化。有了网络直播平台，思想政治课的教学已不囿于课堂、校园、实践基地和其他实体场所，通过网络虚拟空间，同学们可以随时随地点击观看老师直播互动教学内容，和教师之间的双向交流互动，搭建更方便、更多样、更有弹性的教学场所等，从根本上扩大思想政治课教学时空场域。

（四）有利于激发大学生的积极性

大学生对思想政治课学习兴致不高，缺乏参加思想政治课的积极性，是当前高校思想政治教育工作中最棘手的问题。想要有效地提升大学生学习兴趣，提高其参加教学的热情，就必须从本质上弄清其情感特征、思维方式和他们的现实需要。"95后"大学生，是与互联网相伴而生的新一代（"网生代"），他们天生就依赖于各种各样的网络终端，网络仿佛已经成为他们沟通外界的重要途径，所以又称他们为"数字原住民"。看直播用户主要集中在年轻人，这无疑给网络直播互动教学发展打下了稳固的受众基础。因此，在思想政治课中开展网络直播互动教学真是顺时而动，正逢其时。基于网络直播的互动教学平台，可将马克思主义理论、社会主义核心价值观和党的理论政策融入吸引人的话题、有感染力视频中，向学生传达主流文化和观念，学生可凭借直播互动，向老师提出疑问与不解，然后教师对学生的关切作出实时反应，释疑解惑。这样周而复始，不仅使师生间日益隔阂的感情更加密切，也使学生切实体会到了"理论"加"科技"给他们带来的快乐，激发其参加思想政治课教学的浓厚兴趣。

二、思想政治课直播互动教学的基本原则

目前网络直播花样百出，诟病颇多，主要就是因为缺乏有效监督和管理的法律法规。为了增强网络直播互动教学实效，我们认为，思想政治课网络直播的开展，应该遵循以学生为主体、符合教材内容的原则，在直播教师的引领下进行。

（一）受众学生为中心

以学生为主体，即思想政治课网络直播教学要突出学生的地位，安排直播内容时需要根据大学生群体特征进行。由于网络直播互动教学与传统课堂教学存在差异，既无固定教学场所，也无现场纪律约束，若与大学生审美取向不符，则难以激发其观看和交流的兴趣。就直播内容制作而言，不仅要突出马克思主义及其中国化成果的核心要义和理论特色，而且要从编排形式上与大学生思维习惯相契合，与大学生认知方式和审美取向相接近。

大学生特殊的年龄阶段，决定了他们不仅要学习知识技能，同时还会在人生

际遇、情感等方面产生迷茫和怀疑。这就为思想政治课教师提出了更高的要求，他们既要为大学生传授理论知识，也要培养其科学信仰，塑造其高尚情操，同时还要在直播互动中关注对大学生生活，情感的培养，甚至解决其心灵深处的疑问，进而使思想政治课真正成为一门科学的理论，令大学生终身受益。为此，思想政治课实施网络直播互动教学时，教师一定要牢固树立学生为主体的观念，建构自由、平等双向互动网络直播交互教学体系，使受众学生真真切切地感受到被关注、被爱、被了解。教学过程中学生的存在感成倍地增加，这对排除教师与学生沟通的障碍，是大有裨益的。

（二）直播教师为主导

借助互联网技术和通信终端平台，开展思想政治课网络直播，是数字化时代思想政治课创新发展的必要途径。同时，对思想政治课教师教学能力的要求更高了。在这样的环境下，一方面教师要进行网络直播的互动教学，另一方面要对建立和维护网络直播内容。所以，教师在构建思想政治课网络直播平台过程中，在选择直播的方式、确立直播原则、制定直播内容过程中要发挥主观自己的能动性，发挥自我的个性化创造。也就是说，需要确定网络直播互动教学中教师的主导地位，教师要吃透教材主旨精神及核心义理，根据教学目标为，从大学生发展的现实需求出发，打造不同水平和层次的网络直播情境，以期调动大学生对思想政治课的参与热情。强调教师在网络直播互动教学过程中的主导性，只为能够用老师的全面、深入、权威的诠释与导引，在如潮水般的思想海洋中，为同学们提取出最亮的浪花，充当大学生探察生活的"望远镜"，观察社会的"显微镜"。

（三）与教材相一致

思想政治课是所有大学生必修的公共基础课程，它有一套系统的教学大纲和课程安排。目前，主要课程有四种。思想政治课网络直播互动教学的创设与发展，必须紧扣教育部指定的"马克思主义理论研究和建设工程重点教材"（简称"马工程"），通过直播互动教学，验证马克思主义理论的科学性与先进性，以及中国化的成果。思想政治课教师决不能为"走红"而走红，为成为"网络红人"扭曲了教材精神、肆意营造直播情境，来吸引学生观看、点赞、互动与打赏。但是，这并不意味着直播教师不能当"网红",而是指直播互动教学一定要和"马工程"课本的内容、主旨、精神与目标趋于一致。这就需要教师在打造网络直播互动教学的过程中,一定要在思想政治课和互联网终端平台之间找到一个有效的接榫点,不能背离社会主义主流文化,背离核心价值观。否则,网络直播互动教学将会失去意义,甚至会使大学生深陷思想泥淖不能自拔。

三、思政课直播互动教学的应用策略

简单来说,思想政治课直播互动教学的开设是为了追赶时代浪潮和顺应大学生的想法,在传统思想政治课教学中加入网络直播,展开和学生之间的互动,可获得更好的教学效果。但是该如何构建思想政治课网络直播教学呢?首先要明确教学目标;其次要注意挖掘优质的教学内容,寻找适合互动的教学资源,展开在线直播互动。

(一)确定直播互动教学目标

首先要确定教学目标,这是进行思想政治课教学的基本前提,更是开展网络直播互动教学中不可或缺的一环。中宣部、教育部的"05"计划开始实施到现在,时代和社会一直在变,因此教育部思想政治工作司会时常组织相关专家学者,对思想政治课教材内容体例进行讨论及修订,保证教材内容的与时俱进性,现实指导性。例如,针对"马工程"指定的教材,近年来,高等教育出版社一直在进行版本修订,相继发行2010年版、2013年版和2015年版,而这一修改将继续进行。所以在进行网络直播的互动教学的时候,一定要紧扣教材内容、理解教材精神、掌握理论动态,并与学生成长实际需求相结合,把学生关注的焦点、难点、热点问题纳入直播互动教学,并在互动过程中作出实时在线回答。从具体的操作来看,是把学生关注的焦点作为切入视角,将教材中重点与学生中难点相结合、在网络直播互动教学中,以理论热点与学生需求为重点,实现思想政治课教学的实效性。

(二)收集直播互动教学资源

在互联网快速发展的今天,部分传统教学资源被数字化,这就给思想政治课的教学提供了提取之不尽,用之不竭的网络资源。从当前来看,思想政治课教学中网络直播互动教学的资源主要有课内外资源、线上线下资源、理论和实践资源三种。收集并使用有关教学资源，营造网络直播互动式教学的场景，引导学生了解近代中国人道路探索、传播马克思主义理论的历史必然性和传统中国现代转型过程中艰辛，对这类资源也是一种传承和保护。但是，在浩如烟海的教学资源面前，传统社会科学研究方法不免显得乏力，而且近年来被广泛应用的大数据采集与分析，可以使信息资源呈现超长时段、超大规模的特点。比如，在高校的论坛、青年网站等主流网站中，以"社会主义核心价值观等"作为关键词利用大数据技术进行搜索，能够深入探察隐藏在海量资源后面的规律和特点，由此来科学地评判大学生对于有关教学资源的重视程度，为网络直播互动教学资源的选择提供实践依据。

（三）挖掘教材的优质内容

网络直播之所以广受欢迎，毫无疑问，这和直播画面新颖、直播形式多样、直播互动便捷的特点是分不开的。如果直播一味迎合观看者猎奇和窥探隐私的心理，那么内容就容易出现同质化，同时也会缺乏可持续发展的动力。所以说，直播要想持续进行下去，与高质量的直播内容的支持密不可分。从长远看，直播平台核心竞争力还是应该回归到内容自身，高质量的内容也会是平台的依托，是"吸粉"的关键要素。以内容为基石，确定直播平台的未来模式，思想政治课直播教师在教学过程中，一定要对直播内容给予高度重视，发掘更加优质直播资源，提升直播议题吸引力、增强直播的视觉冲击力、加深直播话语的感染力、增强直播推送的辐射力，才能将学生的注意力从游戏直播、娱乐直播等吸引过来。从网络直播本身的特点及发展趋势出发，直播教师一定要全面把握马克思主义理论的主旨要义和中国化成果，发掘优质教学内容并将其视为教学重点深度解析，使学生谙熟思想政治课教学核心义理。同时也要注意，在发掘高质量内容，传播积极正面正能量之外，在思想政治课直播中，教师还应更多关注直播内容是否生动、活泼、充实。

（四）开展在线直播互动教学

除了要确定教学目标、搜集优质教学资源和内容，教师需要进一步建立起自身在直播互动教学中的特点，将思想政治课教学的独特性发挥出来。具体而言，是指教师在教学过程中，利用网络直播等形式，将理论知识与学生所关心的实际问题相结合，做出诠释与判断，借助于网络，将马克思主义理论精辟巧妙地传递给学生。根据近几年网络直播乱象分析，可以发现利用网络直播进行互动教学时，最容易产生的问题是，一些教师容易过分追求绚丽、泛娱乐化的教学形式，却忽略了对马克思主义理论和其中国化成果的准确阐释、深入分析以及对其的有效传播。所以，在进行直播互动教学时，教师要紧紧抓住"网络直播仅仅是一种教学方式和手段"这个观念，准确剖析理论知识、有效宣讲主流文化、理性地发表见解，才是线上互动直播的灵魂和内核。另外，在纷繁复杂、光怪陆离的网络虚拟世界，教师不应任由学生迷失于直播平台，而是对线上直播过程进行动态的监控和控制，引导直播互动教学朝着预期教学目标发展。

网络直播互动教学是一种大胆的教学探索，目的是提高思想政治课的教学质量和效果。虽然，思想政治课的网络直播互动教学不能完全取代课堂理论教学和实践教学，但是，它作为一种新颖的教学形式大大开阔了思想政治课教学的路子，丰富大学生思想政治课学习时空场域，达到共享高质量的思想政治课教学资源的目的。最后要注意，在思想政治课中开展网络直播互动教学，并非为了标新立异，也并非是传统教育理念下教学模式的一种简单置换，更不能为迎合学生口味肆意篡改教材精神和内容，而是以"互联网＋"为时代特征，就思想政治课教学改革进行认真探索与挖掘。

第三节　混合式教学模式

混合式教学模式是指将传统的教学模式和线上的网络教学相结合，旨在提高大学生的思想政治素质、加强教学资源优化配置，以此达到提升思想政治教学质量的教学目标。

一、混合式教学模式的优势

（一）提高学生的积极性

过去教学模式是受学科本科、教学唯分数论及其他因素影响，在教学中忽视了学生的主体性。在网络的介入下，同学们可利用网络进行学习，提前准备好要学的知识，熟悉课程内容。在课堂教学中，教师可让学生叙述已掌握内容或提出疑难之处，老师在进行回答和解释的过程中因势利导加深学生理解，同时根据同学们的掌握情况进行补充说明，以实现学生为课堂主体，鼓励他们积极参与，教师在教学中起着引路人的作用。

（二）营造良好的学习氛围

网络平台的兴起，使师生之间的交流更具便捷性。学习同一门课程的学生之间可通过网络平台进行沟通，遇到难以解决的问题，也可及时在线上向教师求助。相比较而言，同学们在线上的交流更多一些，也更加积极一些。传统教学中，同学们的观点常常被忽视，课堂气氛压抑，而网络课堂中，学生之间的沟通又不易拿捏分寸，动不动就热火朝天，扰乱课堂秩序。混合式教学模式中，便可综合二者之长，充分发挥学生自主性。同时网络平台是不受时间和距离限制的，教师和学生在课前、课堂上、课后均能进行沟通。还可在网络上对学生交作业进行展示，以 word 文档形式向教师邮箱发送完成作业，老师用邮箱收作业检查并反馈。

（三）培养终生学习的习惯

一般情况下，因为线下教学的教学时间限制，教师要在教学内容上有所选择，那么，一些需要讲但又不太重要的东西，往往会被放弃。但是，利用网络，老师能把线下课堂上来不及提及的一些重要知识点，以文档或网课形式与同学分享，这些内容长期保存于网上，可供同学们在需要时下载，可能是一些课上没有讲的内容，或者讲解了但学生还未理解的内容。总的来说，该方法可有效延长课堂讲授时效。

二、基于新媒体环境的高校思政混合式教学策略

（一）优化教学环境

1. 完善顶层设计

任何一种教学模式推行之初，根据本校条件制订发展战略，以凸显学校特色具有十分重要的意义。混合式教学模式推行前，高校应该尽量对可能出现的问题做好预测，在深入理解混合式教学模式之后，制订教学宏观目标，从而使我们可以游刃有余地实施混合式教学模式。这种模式的出现，不只是一种技术上的创新，还导致人们的教育观念发生变化，优化教育方式，极大地提高了思想政治课抬头率，给思想政治课持续发展带来新机遇，因此，将混合式的教学模式应用于高校思想政治课教学十分必要。但是怎样更好地对其加以运用，并且作出符合本校的特色需要学校做好顶层设计，大力推进习近平总书记关于治国理政新理念、新思想、新战略的讲话"进教材、进课堂、进头脑"①，是需要认真思考的问题。

关于马克思主义学院与学科建设问题、思想政治课改革以及专职教师的激励等方面制定强有力的政策，并增加市政、高校专项资金的投入，做好思想政治课混合式教学试点工作，鼓励正式投入使用；强化网络教学平台的建设，做到教学资源采编设备不断更新，抓好信息化教学中环境维护的经费投入问题，统筹混合式教学模式下的人员配备，组建一支专业团队，并给他们一个好的发展空间。高校教师都承担着基本教学任务和科研任务，在评职称或评比时，只从教学方面考虑，很难得出哪个老师更占优势，因此，对科研成果进行比较，就成了评价的一个重要标准。相比之下，部分教师重视科研而忽视教学。在这一背景下，教育部门或者高校要鼓励教师兼顾科研任务和思想政治课混合教学探索中，在科研和教学中合理分配任务比；与此同时，对思想政治课混合教学模式的定位也并非简单地引入一种新的模式，但要真正抓住这一机遇，彻底改变思想政治课模式的僵化、学生兴趣不足的被动状态，我们并不是为了引领混合式教学模式的发展，而是要实现教学现状的转变，增加学生抬头率及出勤率等，确立了新时期价值观培育新模式。

---

① 中办国力.关于进一步加强和改进新形势下高校宣传思想工作的意见[J].中国高等教育，2015（Z1）: 6-8.

2. 完善设施建设

在学校设施建设方面，包括两个方面的内容：一是校园的基础设施建设，二是网络设施建设。基础设施包括教学楼、教室、投影设备仪器及其他传统教学工具，网络基础设施包括教室中的供电设备、网络电缆等，以及全校无线网络覆盖。这些都需要建设好，并由专业人员负责维护整理。在技术设备安装过程中，管理者要充分了解整个教学流程，思考在特性校园环境中如何最大限度地利用资源，避免资源的浪费。网络基础设施为一切技术奠定了基础，网络是由许多技术组成的，其最重要的功能是能使师生接触慕课的资源，搜索与学术课题有关的资料，发送和接收电子邮件及数据文件等等。高校里所有的电脑设备和教学软件，都需要完善的网络技术来提供支撑。

目前我国很多普通高校的混合式教学模式并没有很好的硬件及网络环境作为支撑。高校应尽可能建设好学习硬件环境，如在公共场合——图书馆或者实验室安装更多的电脑或者充电设备，并着力打造校园无线网络的全面覆盖，使同学们在任何时候都能在网上搜索信息。尽管现在的学生家庭条件比过去好了，不少同学还拥有手提电脑，但是总有一些同学没有这些设备，另外总是随身携带手提电脑进入公共学习场所，也并不方便。提高网络水平的同时，我们也需要认识到混合式教学并非"技术型教学"，所谓技术性教学，就是以技术为核心，为技术服务的教学模式，混合式教学的核心不在于教也不在于技术，重点在学，因此，在开发技术时，要重视使设施服务于学习，必须采用与思想政治课混合式教学现实需要相适应的技术手段。

3. 营造校园氛围

许多的国家特别制订了线上教学与资源使用标准，使在线教学活动的设计实施以及教学资源的开发利用更加规范化。例如，一些国家为鼓励教师研究和开发高质量教学资源，采用了资源的付费使用模式。对此，高校管理者能否考虑对教师提供部分经费资助，以激励他们组建队伍研发教学资源等，通过对教师劳动和智慧成果的尊重，提升资源开发效率。人的才能是有限度的，对改变现行的教学模式，实施混合式教学，仅仅专业课教师远远不够，有必要组织一支专业队伍共同合作，其中有技术人员、管理和维护人员、后期的评估考核人员等，还可以培养一支专业助教队伍。许多学校都开始允许研究生以助教的身份加入教学，在帮助思想政治专业课教师完成教学任务、翻转课堂中与学生沟通主题任务中，均取得良好效果。同时研究生的知识水平、对先进设备的使用等均有一定优势，对正在兴起的教学模式抱有极大热情，通过培训后，可成为促进混合式教学模式推行的骨干力量。

目前有许多学校信息化教学并没有取得理想成效，很大程度上是因为教师对计算机技术的掌握不理想。许多教师把计算机软件的使用和计算机的教学相混淆，导致只注重计算机技术的学习，忽视计算机教学法的应用。可以说对教师信息技术能力与素养进行培养，强化在线教育建设应用师资、技术人员的培训，是许多高校亟待解决的重大问题。培训内容应采用混合式教学培训与专业知识培训相结合的方式，包括技术基本使用，技术维护、混合式教学模式的有关程序与步骤等等。并对在进行混合式教学时，教育与教学中存在的有关问题进行探讨。混合式教学并不是要"另立门户"，而是应成为学校文化、思想政治教育的一部分，通过对思想政治课教师的培训，使其教学各环节实现协同运转。与此同时，还可实施各种措施以激励思想政治课教师对新模式的教学积极性，提高教师在线课程与慕课的设计与制作能力与应用水平。例如，定期进行教学设计的竞赛、评选教学名师等，以提高教师信息化素养与实践技能；定期邀请全国著名专家、学者来校进行培训和演讲，鼓励广大教师参与国内、国际信息化教学的交流与研讨等活动，开阔眼界，创建良好学习氛围等。

（二）教育者的应对策略

1. 教育观念的更新

传统思想政治课上，教师固守着"黑板—粉笔—PPT"这种教学方式，为学生灌输理论知识。总的说来就是，老师讲授什么内容，学生就学什么，是"以学定教"的，教师是课堂的主角，思想政治课教学的重心便在教学内容上，过分关注"教什么""教多少""怎么教"，却没人在意学生"怎么学"。然而，教与学之间是一种相互依赖关系，学习的前提是"教"，"教"的目的是学习。真正高效的课堂，应是师生共同参与、全面互动的课堂。师生在轻松愉快的课堂氛围下实现互动交流，学生对学习的潜在热情、主动性和掌握知识的能力及创造精神，更容易被激发出来；同时，学生拥有了更大自主权，成为教学活动的主体。比如，学习者可根据自己的情况，自主地选择学习时间、地点等；可根据视频讲授内容，调整听课频率，选择跳跃或反复观察，有助于提高学习效率，更能有的放矢地考虑教学重点与难点。这类学习可依据其知识基础进行，根据自己的时间条件，进行理性选择，相比传统大众化的课堂更有效率。另外，思想政治课混合教学模式，在教学环节设计中，也更能反映学生认知规律，它以"短视频"的形式进行碎片化教学，减轻学生由于学习时间太长带来的疲劳；类似游戏通关的模式，吸引学生关注接下来的视频讲解，使其学习兴趣增强。显而易见，混合式教学模式并未因重"教"而忽视了"学"，恰恰相反，它给学生参与教学设置了很多便利，有利于增强学生的主体意识，提升他们的主体地位，从而促进教师与学生之间良性互动。思想政治教师要看到混合式教学所具有的各种优势，适时改变固有教学思维模式等，试着用混合式教学的方法来引导学生喜欢上思想政治课。不应该对新教学模式产生排斥，而是要不断努力发现新模式的优势，寻找师生共同进步的快乐。并明确自身主导作用和学生主体地位，形成良性互动。教师还应注重建构"师—生"双主体格局，不能只拘泥于板书、PPT思维，以新思维、新观念带领学生用一种全新的方式去学习，一改过去那种"教—学—考试"的方式，引领学生自主学习，增强思想政治课吸引力。

2. 角色定位的明确

当今，互联网大数据发展日新月异式，课堂已经不再是学生获得知识的唯一渠道和主要渠道，信息时代具有高效化和层次性、多元结构使当代大学生从网络上获得了大量学习资源，是学生自主学习的一种重要方式。他们对社会最近发生的事件的了解，甚至比老师还早，他们还会快速掌握一些非主流的观念或者思潮。尽管教师丧失了获取资料搜集信息的优先地位，但这并不代表他们主流意识形态的传播者、学生价值观领航者、政治道德文化素质的培养者的地位弱化了。确切地说，大学阶段是个人的理想信念、价值观念、道德品质养成的一个重要时期。大学生的身心发展还不成熟，社会角色不明朗，对各种各样的信息没有清醒的认识能力，掌握信息方面也有个体差异。所以，在混合式教学模式中思想政治课教师要明确角色定位，适时改变自己的角色，把重点由收集和展陈教学资源，转移到甄别、整理资源、组织和指导学生上来，扮演"引导员"的角色，把课堂还给学生，要有准备适应全新的教学环境与模式，加强自己信息技术，提高演讲口才、教学设计与组织的能力等。教学中要做到以生为本，和同学们进行真诚的交流，鼓励同学们参加课下实践活动，将高校思想政治课学习成果应用于实际，最终让这门课的真正走进学生心中。具体来讲，教师在教学过程中：一是应该借助良好的新媒体线上网络平台将知识传递给学生，对课程内容进行实时更新，利用合适的教学案例，引导学生多角度地观察问题，激发其学习兴趣；二是善用线上线下翻转课堂环节，强化教学内容针对性，教学过程中做好启发式、参与式教学，帮助提高其道德素质与思想素质，确立正确人生观，价值观、道德观与法制观，并且自觉地将有关精神落实在实际行动上，做到知行统一。

3. 教学方式的创新

目前的混合式教学模式，基本上是线上听课与线下翻转相结合，因此，可从这两方面出发提高教学效果。在线上视频课程方面，教学内容依然是重点。怎样设计才有意思，才能引起学生对这门课的关注，别具一格、不拘泥于常规的教学内容，常常会在学生心目中占有突出的地位，使他们印象深刻，如此所学，亦较容易记忆。现实中，许多同学对现行教材所涉及的知识不感兴趣，若以知识迁移的方式，聊当下社会生活中、时事焦点问题，或者伟大历史人物个人生活现实问题等等，学生兴趣度、掌握度将有很大提升，有趣味且又对学生有吸引力的课，首先要建立在学生所处环境与生活的基础上。也就是说，同学们学习的马克思主义理论，以及与思想政治教育有关的理论知识，要扎根社会生活，要有实用性与实际意义，所以，老师们在上视频课时，也不能拘泥于常规教学模式，而应以引导式、问题式教学，引起学生注意增强学习兴趣。学好一个知识点，亦如游戏过关般获得成就感和乐趣，如此便会乐意在网上和老师、同学们一起沟通问题。思想政治课涉及面广，可探索的话题从古到今、从国内到国外，轻松的在线学习，才利于在线下翻转课堂进行深入沟通。

（三）教育对象的应对策略

1. 自主学习能力的提高

当今是一个经济全球化，社会信息化，知识经济迅速崛起，科技变革快速，思想多元的时代，大学生处于这样一个环境中，个人意识比较强。高中生刚进入大学学习，无法很快适应独立自主的学习模式，总想借助别人的督促与提醒去完成自己的学习任务，因此，使大学生能够尽快地适应独立的学习生活，这既是混合教学要求，也是每一门课以及学校教育目标的要求，同时也是个人的成长、回报社会之所需。所以，要求学生理解发展自主学习的重要性，可借助混合式教学中慕课平台的带动，使其切身体验并反复练习，渐渐养成独立学习的习惯，时间久了，便适应了这一不同于传统的新兴教学方式，通过信息交流，增强学生的兴趣；学生表现得怎么样，更多的时候是依靠老师的指导，因此在教育教学中，老师或者负责人员可多给学生讲一些思想政治课混合式教学思想，同时也多给他们讲一些要求，在客观上有利于学生尽快适应这一教学模式，适应现行学习方式。

2. 发挥学生的主体作用

高校思想政治课混合式教学模式中，明确了学生的学习主体地位。同学们积极主动地探索知识，从被动学习变为主动进行自我管理，在课堂上起着越来越重要的作用。新时代的大学生，善于进行自我管理、自我教育，并为自己的学习状态、学习结果负责。这就需要同学们有掌握计算机技术的能力，并且能够善于运用网络媒体、学习平台等，给自己的学习制订一个合理计划；借助媒介，强化学习情境下的师生之间、生生之间的交流互动，以交换意见或提议，互帮互助一起完成学习任务。进入 21 世纪，大学生大多是"90 后""00 后"，有一定自我意识。学校、教师、父母要善于发掘孩子的潜力，鼓励他们的开放式思维，为其自我展示提供机会与舞台。在激发学生主体作用等举措上，除了使学生自己慢慢改变自己的心态，也需主动地制造机遇，使学生在课堂上成为主体，教师在课堂教学中给予指导和鼓励等等，使学生在角色转变过程中充分体验乐趣，形成强烈的自我意识，混合式教学模式在教学中的运用也越来越顺利。另外，通过对高校思想政治课教学进行思想引领与交互学习，使学生能够把"主体"角色贯彻到底，有意识地反抗不良思想的侵犯，牢固树立学习目标，提高学习主动性与意志力，诚信自律，有意识地将这门课的精髓融于心中，主动将课程理论运用于实际。

3. 树立正确学习理念

当前，许多同学都有"仅仅是为了分数"的想法，对能提高分数的教学方法比较认同。课上，只喜欢学习新知新见，不喜欢也不习惯和别人交流想法，对当前的传统教学方式十分适应，不参与课堂的讨论，安静地听课记笔记。显而易见，这类学生在传统课堂中应属于"尖子生"，非常习惯传统教学，并且执着于成绩和分数，具有某种功利性，不擅长和其他同学之间就知识互通有无。这实际上与部分高校教师的情况相同，显示出不适应混合式的教学模式，是一个相对封闭的状态、守旧的态度和对发展综合素质重要性的认识不足。这类学生走上社会后，还会展现出较强的学习能力，但是动手能力较差；涉猎知识面广，但是表达能力较差；没有合作意识与合作能力，正如马克思所说，"人的本质不是单个人所固有的抽象物，在其现实性上，它是一切社会关系的总和"①。人和动物不同，人具有社会性，人类存于一切社会关系之中。因此，大学生应该改变传统学习方式，在注重成绩时，应懂得全面提高个人素质，主动参与混合式教学模式，充分开展与师生的交流与合作，不要因为自己的个性、表达之类的理由不肯表现，唯有个人积极主动地参与进来，方能领略优质教育资源、丰富的翻转课堂给自己带来了独特体验。

第四节　其他教学模式

一、基于"易班"的高校思政教学

从 2007 年开始，易班成为国家级的大学生网络互动示范社区，各大高校在此开展着思想政治教育、教学活动、生活服务、文化娱乐服务等等。十多年来易班平台持续创新，网站功能日臻完善，目前已经集论坛、社交、博客及其他功能为一体，在全国教育系统内形成了一个全新的媒体平台。今后，易班的规模会扩

---

① 顾相伟.马克思人的全面发展思想及其当代发展研究 [M].上海：复旦大学出版社，2016.

大，覆盖范围更广，成为具有较大影响力和引领性的高层次、综合性的大学生教育新媒体平台。从而使易班育人成了高校开展思想政治教育工作的一种重要方式。

"易班"也叫"E-class"，由政府领导，主要面向在校大学生，旨在通过网络进行思想政治教育，以教育教学为中心，提供文化娱乐、生活服务等互联网全方位的服务，是一个以网络互动为特色的社区型公益性网站。

（一）易班与思政课相结合的可行性

易班开发的初衷是，满足大学生的在校生活。它拥有新闻、校园应用、课堂签到、课堂作业、课群和社区等许多栏目，每一版块都有对应的模板和作用，和传统思想政治课可以有效融合。

1. 易班具有良好的组织性

2013 年，教育部、国信办下发了《关于进一步加强高等学校网络建设和管理工作的意见》，其中明确提出推广"易班"计划。易班有别于其他新媒体平台，这是教育部要求向全国各大学普及的一个平台。易班是一个相对封闭的平台，首先需进行实名认证，学校后台通过审核后方可报名。易班主要使用人群为高校教师及在校学生，采取班、院、学校实行三级管理模式，管理非常严格。与其他新媒体载体相比较，易班更安全、更可靠地实现了信息的输入输出，能更好地筛选信息，可控性更强，尤其对于意识形态领域，能有效地净化空间信息。由于易班实行的是实名认证管理，人人都能在别人的监督之下有意识地调节网络行为，才能更好地传达正能量。同时易班所在班群均为一班学生，他们有共同生活的空间，对学业也有相同的要求，信息需求也是同一性的，这种组织模式管理起来很方便，也让易班比其他交流平台更贴近大学生发展需求。

2. 易班的受众非常广泛

易班最早以上海为试点，后由教育部向全国推广使用。它是一个综合了教育、管理、服务为一体的平台。在易班宣传过程中，各个大学基本上都靠行政手段来完成，是一个相对"官方"网络平台，国内多数院校正在大力推广易班的应用。同时学校还规定所有师生报名参加易班，并且以易班的方式发出了通知与组织有关活动、通过易班开展相关教学等，如考勤签到、布置作业，带动了易班学生注册使用率，相较其他平台更高，从而为进行思想政治课和易班相结合提供有力保障。

3. 易班具有独特的教学功能

易班的教学功能强大，其他平台无法与之相比。体现在两个方面：第一，易班学习资源丰富，专业性强。教师可上传多种教学资源，方便学生进行学习，学生也可上传各种学习资料。与其他一般性的综合网络相比较，易班具有更强的专业性，学生与教师也可以在有关问题上深入沟通，突破时空限制，创建线上教学一体化；第二，能突出学生的个性，学生可选心仪的教师，通过该平台和教师的沟通，教师还可在线上多种渠道，增强和学生之间的交流，做到教学相长。

（二）易班与思政课相结合的创新路径

伴随着易班不断地提高和完善，它被越来越多地应用于教学之中。促进易班教学和思想政治课的结合，可从以下三个方面入手。

1. 加强易班教学的网络资源建设

易班平台能够突破时间和空间的局限，无论何时何地师生都能实现沟通，教师将有关网络资源上传到易班平台，同学们能在任何时间、任何地点进行学习，提高了学生的学习的自主性。所以，有必要进一步强化易班网络资源。一方面，教师可将网络课程传到易班平台上，发表他们的思想政治课教学观点，学生在学习过程中提炼教师的观点并产生新的想法，通过易班这个平台，同教师和同学展开互动。另一方面，又可依据易班的开放性特点，基于其教学资源的优势，设置适合学生情况的思想政治课教学网络，并进行针对性的教学实践。例如，进行社会调查、"我为同学讲思想政治课"等方式，使学生积极主动地去学习有关思想政治方面知识，查阅有关资料，提高学生的学习积极性、主动性，并且上传好资源到易班，为其他同学学习之用，做到课程资源共建共享。

2. 促进传统课堂与网络教学相结合

传统教学模式中，教师为学生讲解书本知识，更注重教学的艺术性。下课后，老师们基本很少和同学接触，互动交流机会少。高校传统教学模式很难适应学生碎片化学习的要求，课下和同学们讨论多借助 QQ、微信这些聊天软件，探讨起来比较低效，易使同学们分心，而普通综合网站对专业内容的研究偏少。现在各院校采用比较多的方法，以精品课程或课程中心为平台，扩展教学内容。尽管同学们可以通过这些平台，有的放矢地进行学习，但也只能学习自己所选课程。易班网络教学以班为单位，并且课程结束后也可再观看，所以可把传统的课堂教学和易班网络教学结合起来。利用易班的"名师工作室"，课前下达有关学习任务；利用易班话题功能，引导同学们在网上进行探讨和交流，并且提出了他们在学习上存在的问题。上课时，对同学们预习时常见的重点、难点加以细致说明，促进课程教学高效。课下，以学生需要为导向，可由工作室集中解答，也可一对一指导，适应学生自主学习的需要，从而促进教学效率的提高。

3. 注重过程评价的考核机制

对高校思想政治课学生学业成绩进行评价，一定要把握这门学科的内在规律和科学性，这对于激发学生的学习热情、加强大学生思想政治素养的培养，显得尤为重要。思想政治课的学习成果考核，应重视理论与实践相结合、重视知识与能力的培养、重视知识与品行的结合等等。易班平台上的思想政治课，更注重过程评价考核。通过易班能让老师们更加清楚地观察到学生们在课外学习的状态，既可以及时掌握学生完成线上作业、易班讨论演讲跟帖、课程资源的上传、在线测验等情况，也可看到同学们参与各类比赛活动及从中获得的奖励等等，对学生有一个比较全面的认识。易班建立了全过程评价的考核制度，增加平时成绩比例，以全过程评价为平时成绩参考标准，考核评价更科学有效，从根本上提高了学生对思想政治课学习的积极性。

二、基于共享社区模式的思政教学

所谓的"共享社区"，并非指地理空间上的社区，而是指某个学习共同体，这是一个拥有同一兴趣爱好的群体。社区的主要功能就是分享资源、建立共同价值及通用规则、实现互惠互利。

新媒体时代，将高校思想政治教育纳入"共享社区"思想，并将其构建为一种新的高校思想政治教育模式，十分富有新意。第一，它实现了教育者和受教育者之间在知识经验、思想观念、精神境界、经历体验及教学成果等多方面的互通共享；第二，它将多方关联在一起，通过若干个体相互联系、接触，构成了一种关系网络或者一种道德圈。思想政治教育视域下的"共"，包括多层次、多向度的联系，也反映出"共同"的情结中人与自然、社会、他人之间共生并存。"享"则反映了思想政治教育自身及其过程已不仅仅是规范和制约，而是在共同体内追求更为愉悦的生活方式；第三，使高校思想政治教育过程中受教育者不再只对知识进行"储蓄"，还要学会表达和分享的"学习"过程，个性化表达他们对于道德生活的认知方式，并且进行评价，组建德育过程相互沟通共同体；还会使高校思想政治教育教学资源与装备的作用在无形之中增加，大大促进思想政治教育工作水平与层次的提高，从而提高高校思想政治教育实效。

新媒体环境下高校思想政治教育共享社区模式的运行路径具体如下。

（1）注重三环对接，共建社区和谐化

第一，着力促进思想观念对接，形成思想意识上的共识性。

新媒体时代，思想政治教育共享社区首先要实现意识上的共识。原因在于：其一，资源的开放和共享，要求社区主体和个人在认知上必须是一致的。传统的社区进行组织的时候，是一个自上而下的纵向管理关系。体现在思想政治教育中，是教育者对被教育者进行知识的灌输。随着社会发展要求，需要同时设置另一个横向结构，在此结构中，成员间并不是从属关系，但却联系紧密、荣辱与共。任何成员都有一定义务和责任，为发展社区贡献自己的力量；其二，要切实抵制有害信息的侵蚀，要求社区主体和个人在认知上必须是一致的。在经济全球化发展趋势不断增强，社会化程度不断提高的今天，新媒体技术越来越发达，随之而来的信息来源更加广泛，沟通越来越快捷，各种思潮不断冲突与交融。比如，传统与现代文化碰撞与交融；西方资本主义国家及其国内的政治，经济、文化等的碰撞与交融；理想与现实的矛盾与交融等等。大学生最能敏感地感受到这些矛盾与整合，同时他们又有一定影响力。所以，共享社区应在社会主义核心价值体系的指导下，做到思想观念对接，以期在社区主体与个体之间形成思想上的一致，这也是思想政治教育共享社区不同于其他社区的根本所在，更是思想政治教育共享社区中所有社区行为之根本。

第二，加强认知和行为的衔接，培养思想政治教育的行动能力。

共享社区具有某种约束机制的系统，对个体行为进行规范。以社会主义核心价值体系为指导，加上共享社区系统的约束机制，信息协调员能够以多种方式向受教育者灌输社会所需要的政治观点和思想体系、道德规范，对受教育者认知产生影响，并向内转为个体意识与动机。同时通过多种约束机制，也能促进认知和行为的衔接，使思想政治教育内化为外在行为，使受教育者将个体意识变成良好的行为与行为习惯。

第三，将虚拟社区和现实社区联系起来，实现思想政治教育的实效性。

高校传统的思想政治教育阵地，在宣传占主导地位的意识形态、党的方针政策上扮演了举足轻重的角色，并立下了汗马功劳。同时，这种方式比较固定，覆盖面狭窄、信息资源落后等缺点。新媒体有更新的资讯、资源，更能反映时代气息，成为高校思想政治教育工作新阵地。这个由新媒体建构起来的虚拟世界，为有共同爱好的大学生带来全新的沟通方式、工作方式，乃至新生活方式。共享社区的管理层要抓住这一趋势，充分运用新媒体技术，注意观察社会风向，应特别注意体现时代特征的活动形式与内容，并将其与思想政治教育目标相结合进行融合，把它融入现实思想政治教育活动进程之中，并对其进行指导与调节。

（2）聚合优质资源，加速共享资源集成化

在共享社区里，实现思想政治教育资源共享有以下几个方面内容。

第一，共享优质课程资源。新媒体为汇聚思想政治教育课程资源提供平台，思想政治教育资源的集中有一个过程，首先是教材、教案、课件、案例和其他教学资源的集中，以及分布式网络下多种学习资源的聚合。在共享社区内通过多种途径，把这些资源聚集起来然后整合起来，变成优质的资源。

第二，共享学习体验资源。在社区中，人人都是学习者，也都是教育者，知识通过活动和成员间的互动而获得，思想政治教育更多地表现为过程性。这种建立在媒体化水平上的资源集成，更具有人性化。更重要的是，它能够满足每一个学习共同体中各成员个性学习的需求，让大家在分享中循序渐进地形成崇高的道德情操，获得更高的政治思想觉悟。

（3）搭建新媒体多元化平台，推动思想政治教育扁平化

高校传统思想政治教育的载体包括课程载体、活动载体、管理载体、大众传

媒的载体、交谈和心理咨询的载体等等。在共享的思想政治教育社区，一方面要科学地融合这些载体，另一方面要进一步扩展思路。这就要求我们积极探索思想政治教育的新阵地，利用新媒体技术搭建不同的平台，疏通信息传送的通道，促成思想政治教育的常规化。比如，可建立微博平台，推动社区组织成员通过电脑或者手机开展多层次的活动，进行平等沟通，及时掌握学生的动态，广泛开展网络舆情收集工作。又比如，设立"心灵驿站"这样一个讨论版面，架起一座和学生灵魂交流的桥梁。在思想观念多元化的社会中，大学生不免遇到各种各样的困惑，他们不太想与老师进行面对面的直接沟通。因此，可利用网上心理咨询，对大学生进行积极正确的引导，帮助他们树立健康的生活观、人际观。群分享、讨论组等新颖的形式，为学习共同体中的成员们提供即时沟通的空间。成员与管理者共同参与其中，使得及时掌握并解决同学们的学习、生活问题成为可能，实实在在地在网络这个虚拟世界中搭建起师生之间心理沟通这座现实桥梁。这一扁平化方法，让高校思想政治工作共享资源发挥了更大效用。

参考文献

[1] 陆官虎. 高校课程思政工作建设研究 [M]. 长春：吉林大学出版社，2022.

[2] 吕云涛. 从理念到实践当代高校课程思政路径探索 [M]. 长春：吉林大学出版社，2022.

[3] 姜雅净，程丽萍. 三全育人理念下高校课程思政改革实践 [M]. 上海：立信会计出版社，2021.

[4] 陈功. 高校课程思政工作建设 [M]. 北京：中国商务出版社，2020.

[5] 陈志成. 思想政治教育理论与实践 [M]. 北京：中国农业大学出版社，2020.

[6] 王敏，滕淑娜. 红色文化融入高校大思政育人研究 [M]. 北京：九州出版社，2021.

[7] 陈金平. 多媒体时代高校的思政教育研究 [M]. 北京：北京工业大学出版社，2020.

[8] 张晔. 新媒体的崛起与高校思想政治课程改革 [M]. 成都：电子科技大学出版社，2017.

[9] 吕开东. 新时代高校思想政治教育工作探索 [M]. 北京：光明日报出版社，2019.

[10] 杨章钦，徐章海. 思政理论课教学改革与大学生思政教育互动研究 [M]. 上海：上海财经大学出版社，2017.

[11] 徐业坤，曹文泽. 新时代高校思想政治教育发展的空间向度 [J]. 思想理论教育，2022（12）：53-59.

[12] 章超. 新媒体融入高校思想政治教育的思维创新探析 [J]. 闽江学院学报，2022，43（04）：100-108.

[13] 辛哲，吕晓东，赵畅，杨扬. 中华体育精神融入高校思想政治教育的理论和战略路径研究 [J]. 沈阳体育学院学报，2022，41（01）：43-49.

[14] 王磊. 基于新媒体的高校思想政治教育载体建设研究 [J]. 新闻研究导刊，2021，12（22）：100-102.

[15] 朱琳 . 新媒体场域中高校思想政治教育的语境创设 [J]. 学校党建与思想教育，2021（22）：14-16.

[16] 黄艳 . 红色文化融入高校思想政治教育路径研究 [J]. 北方民族大学学报，2021（06）：148-155.

[17] 严洁，姜羡萍 . 新媒体视域下创新高校思想政治教育探析 [J]. 学校党建与思想教育，2021（20）：72-74.

[18] 余友情 . 新媒体技术对高校思想政治教育的影响 [J]. 山西财经大学学报，2021，43（S1）：91-93+97.

[19] 刘旭映，王纪鹏 . 新媒体环境下高校思想政治教育面临的挑战与对策研究 [J]. 黑龙江工业学院学报 (综合版)，2021，21（03）：1-5.

[20] 张策，张耀元 . 新时代背景下新媒体融入高校思想政治教育的价值、原则及路径 [J]. 国家教育行政学院学报，2020（08）：60-65.

[21] 王玉 . 习近平关于高校思想政治教育的重要论述研究 [D]. 南京：南京信息工程大学，2022.

[22] 黄晓梦 . 新媒体时代提升高校思想政治教育实效性路径研究 [D]. 青岛：青岛科技大学，2021.

[23] 秦冰馥 . 中华优秀传统文化融入高校思想政治教育研究 [D]. 长春：东北师范大学，2021.

[24] 窦星辰 . 新时代高校思想政治教育话语体系建构研究 [D]. 保定：河北大学，2021.

[25] 赵斯邈 . 新媒体对高校思想政治教育的影响及运用对策研究 [D]. 太原：中北大学，2020.

[26] 张瑞敏 . 大数据背景下高校思想政治教育创新研究 [D]. 上海：华东师范大学，2020.

[27] 武娜娜 . 高校思想政治教育"三全育人"研究 [D]. 石家庄：河北师范大学，2020.

[28] 林泉伶 . "课程思政"：新时代高校思想政治教育新途径研究 [D]. 南京：南京邮电大学，2019.

[29] 刘流民 . 新媒体环境下高校思想政治教育实践路径研究 [D]. 南昌：东华理工大学，2016.

[30] 黄晓黎 . 新媒体环境下高校隐性思想政治教育研究 [D]. 北京：北京理工大学，2015.